智库报告

法治安徽建设年度报告（2020）

安徽师范大学法治中国建设研究院◎编

安徽师范大学出版社
ANHUI NORMAL UNIVERSITY PRESS
·芜湖·

图书在版编目（CIP）数据

法治安徽建设年度报告.2020/安徽师范大学法治中国建设研究院编.—芜湖:安徽师范大学出版社,2022.10

ISBN 978-7-5676-5893-6

Ⅰ.①法… Ⅱ.①安… Ⅲ.①社会主义法治-建设-研究报告-安徽-2020
Ⅳ.①D927.54

中国版本图书馆CIP数据核字（2022）第191603号

法治安徽建设年度报告（2020）

安徽师范大学法治中国建设研究院 编

责任编辑：胡志立

责任校对：胡志恒

装帧设计：张　玲

　　　　　汤彬彬

责任印制：桑国磊

出版发行：安徽师范大学出版社

　　　　　芜湖市北京东路1号安徽师范大学赭山校区

网　　址：http://www.ahnupress.com/

发 行 部：0553-3883578　5910327　5910310（传真）

印　　刷：苏州市古得堡数码印刷有限公司

版　　次：2022年10月第1版

印　　次：2022年10月第1次印刷

规　　格：700 mm × 1000 mm　1/16

印　　张：13.75

字　　数：160千字

书　　号：ISBN 978-7-5676-5893-6

定　　价：39.80元

凡发现图书有质量问题,请与我社联系（联系电话:0553-5910315）

前　言

　　《法治安徽建设年度报告（2020）》，是安徽师范大学法治中国建设研究院记录和跟踪安徽省法治建设进程的第七部报告，受疫情影响，此次报告的出版较往年有所延迟。

　　本报告仍延续《法治安徽建设年度报告（2014）》以来的上下篇结构安排。上篇为法治工作报告，包括人大的立法与监督工作、依法行政工作、审判工作、检察工作、司法行政工作、知识产权的保护工作、政协的法治推动工作、法学研究与教育工作，但下篇不再是法治调研报告，而是法治安徽建设总结报告，尝试对2014年至2019年安徽省人大、政府和司法部门的法治建设情况进行了一个简单梳理，在归纳安徽省法治建设取得的非凡成就的同时，也指出了一些不足，并针对存在的不足提出了一些建议。

　　法治工作报告的调研、资料收集主要由彭凤莲、王宇松完成。法学院2020级硕士研究生肖雨佳、夏文欣、方超也参与了资料的收集和整理工作。法治建设阶段性总结报告由王宇松和2020级硕士研究生肖雨佳、方超，2021级硕士研究生宫红玉、关露洋、蔡勇共同完成，王宇松统改。全书由彭凤莲统稿。

编　者

2022年10月

目　录

上篇

法治安徽建设工作报告

人大的立法与监督工作

2020年，安徽省人大常委会坚持以习近平新时代中国特色社会主义思想为指导，全面贯彻落实党的十九大和十九届二中、三中、四中、五中全会精神，深入学习贯彻习近平法治思想、习近平总书记关于坚持和完善人民代表大会制度的重要思想、考察安徽重要讲话指示精神，在中共安徽省委的坚强领导下，突出围绕决胜全面建成小康社会、决战脱贫攻坚、统筹推进疫情防控和经济社会发展、科学谋划"十四五"乃至更长时期发展等，依法履职尽责，为强化"两个坚持"、实现"两个更大"，全面建设新阶段现代化美好安徽作出了应有贡献。

一、人大的立法工作

2020年，安徽省人大始终坚持科学立法、民主立法和依法立法的原则方针，认真贯彻落实省委立法决策，把安徽省发展急需、群众热切期盼、富有地方特色的立法摆在优先位置，加快立法步伐，以良法促进经济高质量发展，促进社会建设水平提升。全年制定、修改和审议法规26件，审查批准设区的市法规37件，接受报备规范性文件202件，向全国人大常委会和国务院报备法规59件，取得了良好的政治、法治和社会效果，为全面建设新阶段现代化美好安徽提供了法治保障。

　　——完善立法工作体制。安徽省人大常委会在立法工作中始终坚持党的领导，通过进一步完善党领导立法工作的体制机制，提升立法质效；注重强化人大立法的主导作用，坚持立改废释并举，在突出地方特色的同时，着力加强重点领域的立法；不断完善地方立法的科学民主法治化水平，健全立项、论证、评估、听证等制度，拓展开门立法渠道，确保以良法促发展；深入推进协商立法，就促进大型科学仪器共享、铁路安全管理等继续深化与沪苏浙人大立法的协同协作，提高立法质量和效率。

　　——创造性推进地方立法。公开民主科学的立法机制有利于促进立法质量的提升，2020年安徽省紧紧围绕坚持和完善中国特色社会主义法治体系、提高依法治理能力，谋划和推进立法工作，不断夯实法治安徽建设的重要基础。组建工作专班，集中多方力量，应需高效立法，指导合肥、宿州、黄山3市制定了制止餐饮浪费行为条例，取得了良好的政治、法治和社会效果。推动设区的市选择"小切口"立法，制定了传统村落保护条例、文明行为促进条例、生活垃圾分类条例及全国首件长江江豚保护法规等，进一步提升立法工作的专业化水平。在修改人防法规中，就争议较大的立法事项引入第三方评估，保障每一项立法都能充分反映人民意志。在制定家庭教育促进条例中，就涉及的重大利益调整问题开展论证咨询，提升立法工作的科学化民主化水平。审议了规范性文件备案审查情况报告，创新审查机制，委托第三方开展审查研究，邀请专家为审查涉及群众切身利益等规范性文件提供咨询论证，有效提高了审查监督的科学性和公信力。

——科学审议编制规划。深入贯彻习近平总书记关于制定"十四五"规划和2035年远景目标的一系列重要讲话指示精神，认真落实党的十九届五中全会及省委十届十二次全会、省委人大工作会议的部署，为安徽省规划的科学编制精选事关发展全局的重大课题，开展专题研究。不仅到省直主要经济部门和16个市进行调研，还组织专班赴沪苏浙闽学习考察，在深入调研、广纳民意的基础上，认真审议规划编制情况专项工作报告，提出了具体意见建议，为省委科学决策和政府编制规划纲要提供了重要参考。

——立法助推高质量发展。积极回应习近平总书记考察安徽和在合肥主持召开扎实推进长三角一体化发展座谈会重要讲话指示精神，落实省委十届十一次全会部署，自觉肩负起人大在夯实党执政的群众基础上的政治责任、助力经济社会发展上的法定责任、推动长三角一体化发展上的协同责任，2020年制定并实施了共四个方面25项落实举措。为适应打造"三地一区"、推进合肥国家实验室建设、自由贸易试验区建设等方面立法需求，省人大常委会及时调整立法计划，新增创新型省份建设促进条例、自由贸易试验区条例等立法项目，健全高效运行机制，体现安徽效率，彰显安徽作用。抓住长三角区域"十四五"发展关联度高、牵动性强的重大事项，与沪苏浙人大协同调研，推动科技创新联手、基础设施联通、产业发展联动、公共服务联网、区域市场联建、生态环境联治等合作事项的落实。在修改科学技术进步条例中专章规范大型科学仪器共享。加快形成信息服务平台互联互通、异地就医直接结算、公共交通异地扫码通行、民生档案异地查询等合作成果，不断提升长三角地区人民群众的获得感、幸福感、安全感，为长三角地区更好引领长江经济带发展、更好服务国家发展大局贡献安徽力量。

——立法保障疫情防控。新冠肺炎疫情发生后，省人大常委会全面贯彻习近平总书记重要讲话指示精神，主动担当，应势而为，于2月上旬紧急立法，作出《关于依法全力做好当前新型冠状病毒肺炎疫情防控工作的决定》，全面提高依法防控、依法治理能力，为疫情防控工作提供了有力法治保障；3月初制发了《关于依法做好多元化解疫情防控和复工复产中矛盾纠纷工作的意见》，进一步提高疫情防控能力，有力维护正常经济秩序。与此同时，全面提速公共卫生领域立法修法。党的十八大以来，习近平总书记提出发展中医药的一系列新思想新论断，2020年安徽省人大常委会制定了《安徽省中医药条例》。条例明确政府及部门职责，完善中医药管理体制；结合中医药特点，发展中医药服务；完善中药管理制度，促进中药发展；加强中医药人才培养和科学研究，促进中医药文化传承与传播。及时修定了《安徽省爱国卫生条例》，完善公共卫生法律制度，明确爱国卫生工作要求、加强公共场所卫生管理、加强生产和生活卫生治理、加强病媒生物预防控制、加强吸烟危害控制、加强爱国卫生的监督管理等，有助于进一步防范化解重大疫情和突发公共卫生风险，保障人民群众身体健康。为服务疫情防控大局的需要，维护法制统一，修改了《安徽省食品安全条例》，完善食品安全监督管理体制，规范食品生产经营行为，完善食品小作坊、小餐饮、食品摊贩管理措施，加强食品安全监督管理，切实加强食品安全监管工作。修改了《中华人民共和国野生动物保护法》若干规定，修改了《安徽省农产品质量安全条例》《安徽省畜产品质量安全管理条例》《安徽省预防接种管理条例》等法规。深入开展执法检查和专题调研，不断完善制度体系，推动野生动物保护等法律法规有效实施。

——深化经济领域立法。安徽省人大常委会修改了实施《中华人民共和国产品质量法》若干规定，完善产品质量安全监管体制，推进供给侧结构性改革。修改了《安徽省道路运输管理条例》，通过完善道路运输行政管理体制，推进长三角道路运输一体化发展，优化道路运输经营环境，保障道路运输安全和环境卫生，保护旅客人身、财产安全，强化道路运输从业人员的职业道德素质和业务技能素质，加强道路运输传染病防治和疫情防控等，规范道路运输市场秩序，强化道路运输法治保障，推进交通强省战略实施。修改了《安徽省建筑市场管理条例》，完善建筑市场行政管理体制，贯彻民法典精神，保障法制统一，建立健全行政执法和刑事司法衔接，加快建筑产业现代化，从而进一步落实国家"放管服"改革要求，规范建设工程招投标秩序。港口是促进地方经济建设与发展的重要基础设施，为适应形势发展的需要，修改了《安徽省港口条例》，完善港口行政管理体制，推动长三角港口一体化发展，强化港口规划编制管理，落实绿色发展理念，加强港口传染病防治和疫情防控，完善港口安全管理规定，聚焦简政放权、放管结合、优化服务，进一步优化港口发展的营商环境，激发市场创新创业创造活力。修改了实施《中华人民共和国人民防空法》办法，完善人民防空政策法规体系，明确人民防空的属性、原则，推进人民防空平战结合，健全重要经济目标防护制度，提升人民防空信息化水平，加强新型专业防护能力建设，完善人民防空疏散能力建设，为人民防空建设发展提供根本制度保障。目前安徽省大数据发展应用呈现出良好的态势，但也面临许多问题，省人大常委会审议了《安徽省大数据发展应用条例》草案，重点就数据数字交易、促进数字经济发展等进行规范，建立健全大数据发展应用的管理体制，推进数据资源汇聚和共享开放，深化大数据开发应用，健全大数据发展应用的促进措施，落实数据安全管理责任，以适应安徽省大数据发展应用工作的需要，加快建设"数字江淮"。

——推进社会建设立法。为纾解政府、家庭、学校、社会在促进家庭教育发展中职能不明晰，家庭教育公共服务能力需要提升，家庭教育发展保障措施有待加强等问题，省人大结合实际制定了《安徽省家庭教育促进条例》，强调家庭在实施家庭教育中的主体责任，突出特殊情形未成年人的家庭教育，完善家庭教育促进保障措施，加强对困境儿童和农村留守儿童的关爱保护，保障未成年人安全，营造促进家庭教育的浓厚社会氛围。在全国较早制定了《安徽省老年教育条例》，这也是积极应对人口老龄化、促进老年人终身发展的重要举措。加快推动老年教育事业发展，满足老年人多样化学习需求，提升老年人生活品质，有利于更好地保障老年人受教育权利，促进老年教育事业发展，构建老有所学的终身学习体系。推进弘德立法，把社会主义核心价值观融入立改废释全过程，制定了《安徽省公共文化服务保障条例》，在坚持政府主导的同时，激发各类社会主体参与公共文化服务的积极性，加强公共文化服务提供，规范公共文化设施建设与管理，完善激励与保障措施，推动公共文化服务体系建设。制定了《安徽省警务辅助人员管理条例》，规范辅警管理，通过细化辅警岗位职责、权利义务、职业保障等，确立了管理体制，强化了监督管理。修改了村民委员会组织法实施办法、城市居民委员会组织法实施办法、村民委员会选举办法，将"两委"任期由三年改为五年，促进基层社会治理。

　　——加强生态环保立法。率先在省级层面启动林长制地方立法，制定了《安徽省林长制条例》，着重从"林""长""制"3个字着手，明确林长的概念，准确界定五级林长的职责，进一步压紧压实林长的主体责任，妥善处理好林长职责与政府部门法定职责之间的关系，调整好林长责任与权力的对等关系，明确林长制组织体系架构，建立健全职责明晰、统一高效、运转协调的林业改革发展新体制和新机制，着力解决林业内部动力不足、活力不足与外部供给不足的问题。把好山好水保护好，把生态优势发挥出来，实现高质量发展，着力打造生态文明建设的安徽样板。为了贯彻节约资源的基本国策，落实节约与开发并举、把节约放在首位的能源发展战略，修改了《安徽省节约能源条例》，通过强化节能社会新风尚的营造、强化节能工作的源头监管、强化重点用能行业的节能监管、强化重点用能单位的节能监管，着力推进节能技术进步，落实节约与开发并举、把节约放在首位，推动经济社会全面协调可持续发展。发展新型墙体材料，着力改善建筑功能，节约能源，保护土地资源和生态环境。修改了

《安徽省新型墙体材料条例》，扶持更高质量、物美价廉新型墙体材料的研究和开发，强化新型墙体材料的推广应用，引导和支持在农村使用新型墙体材料，推进装配式建筑的发展，加大人身、财产安全保障力度，明确禁止向新建、改建、扩建空心黏土砖生产项目供地，聚焦简政放权、放管结合、优化服务，进一步优化发展新型墙体材料的营商环境。审议了实施《中华人民共和国固体废物污染环境防治法》修订草案，完善固体废物污染环境防治监督管理制度，健全生活垃圾污染环境防治制度，完善其他固体废物污染环境防治制度，加强对危险废物污染环境的防治，增设与疫情防控有关的制度规定，用最严密的法治保护生态环境。

二、人大常委会的法治监督与法治推动工作

2020年，安徽省人大常委会认真贯彻中央及省委对经济社会发展的各项部署要求，紧扣高质量推进五大发展行动计划、继续打好"三大攻坚战"、科学谋划"十四五"发展规划、推动长江经济带和长三角区域一体化发展、促进中部地区崛起等履行监督职责。依据宪法和法律，结合地方人大职能，健全对"一府一委两院"监督制度，跟踪督促审议意见落实，提高法律监督和工作监督实效。坚持把依法保障和推动全省决胜全面建成小康社会作为监督首责，围绕贯彻新发展理念、打好"三大攻坚战"、抓好"六稳""六保"、促进公正司法等履行监督职责，全年共听取审议报告18项，开展执法检查4次、专题询问2次。

——创新完善监督机制。适应疫情防控之需，围绕多元

化解矛盾纠纷，打出执法检查、规定落实情况督查、矛盾纠纷全面排查和审议相关报告"三查一审"组合拳。深化拓展预算审查监督，为提升预算监督工作的民主性与科学性，安徽省人大常委会在实践中不断坚持创新和强化预算审查工作。首次对4个省直部门决算草案进行重点审查，以点带面促进提升财政资金使用绩效；首次邀请省人大代表参加对省直有关单位审计整改情况跟踪监督，推动问题整改落实；加快推动全省人大预算联网监督系统建设和运用。选择省政府8个组成部门向常委会书面报告年度工作情况。

　　——深化经济工作监督。审议计划和预算执行、审计及审计查出问题整改情况报告，审查批准2019年决算和2020年省级预算调整方案，审议2019年度国有资产管理综合报告及企业国有资产管理专项报告，支持和促进政府攻坚克难，推动经济运行稳中有进。审议省级政府重大投资项目立项和建设情况报告，推动更好发挥重大投资项目牵引拉动作用。组织常委会组成人员考察"引江济淮"工程建设情况，审议专项报告，启动相关立法，推动安徽省重大基础设施建设"一号工程"实施。听取审议全省农村集体产权制度改革报告，开展农业机械化促进法执法检查。审议全省台湾同胞投资工作情况报告，促进有关方面加强统筹协调，完善投资保障体系。

　　——推进民生事业发展。锚定脱贫攻坚决胜目标，重点督办相关代表建议办理情况，深入大别山等革命老区、皖北地区、沿淮行蓄洪区开展专题调研，促进脱贫攻坚成果巩固拓展，推动与乡村振兴有效衔接。高度关注财政医疗卫生资金分配使用情况，结合审议报告，开展专题询问，督促健全公共卫生服务体系。听取审议养老服务工作情况报告，针对居家养老、社区养老、医养结合等方面薄弱环节，提出意见建议。养老问题是重大民生问题，是我们每个人都将面临、每个家庭都必须面对的重大社会问题。开展公共文化服务保障法、慈善法及安徽省多元化解纠纷促进条例执法检查，检查公共文化服务保障法实施情况，加强公共文化服务体系建设，丰富人民群众精神文化生活，开展慈善"一法一办法"执法检查，督促"七五"法治宣传教育决议的执行，推动法律法规实施。

——加强生态环保监督。突出围绕完善法治实施和监督体系，首次开展土壤污染防治法执法检查和专题询问。审议2019年度环保目标完成情况报告，调研长江、巢湖等流域生态环保情况，践行"绿水青山就是金山银山"发展理念，推进安徽生态文明建设迈上新台阶。

——保障社会公平正义。突出围绕让人民群众在每一个司法案件中都感受到公平正义，推动以审判为中心的刑事诉讼制度改革不断深化，把法律面前人人平等、尊重和保障人权、罪刑法定、罪责刑相适应、控辩平等、程序正义等理念和原则不折不扣地落实到每一个案件中。依法助推坚决打好扫黑除恶专项斗争决胜战，推动司法机关建立健全常态化扫黑除恶工作机制。听取审议了省高级人民法院关于全省法院刑事审判工作情况的报告，重点就严格遵循罪刑法定原则，推进审判管理科学化、精细化等提出意见建议，促进刑事审判质效进一步提高。听取审议了省人民检察院关于全省检察机关刑事检察工作情况的报告，着重就保持对严重刑事犯罪打击力度等提出意见建议，促进检察机关增强对刑事立案、侦查、审判、执行工作的监督质效，保证准确有效地执行法律。

——加强自身建设。围绕党的十九大提出的建设"两个机关"的目标，适应新要求，担负新使命。坚持把学习贯彻习近平新时代中国特色社会主义思想摆在首位，认真学习领会习近平总书记的重要讲话、重要指示批示精神，做到学思用贯通、知信行合一。依法保障和推动中央及省委决策部署在省人大工作中全面贯彻落实。以"不忘初心、牢记使命"主题教育为新的起点，把不忘初心、牢记使命作为党的建设永恒课题和省人大常委会及机关全体党员、干部终身课题。自觉践行"三严三实"，全面贯彻中央八项规定精神及省委实施细则，发扬斗争精神，坚决防止和克服形式主义、官僚主义。加强地方人大及其常委会建设，根据法律修改情况，完善全省人大组织制度、工作制度。

为适应新时代地方人大工作新要求，必须把提升能力本领摆在更加突出的位置。安徽省人大常委会实化"大学习、大调研、大建设"举措，通过精神武装、能力武装不断加强自身建设。一是全面提高政治能力。省人大常委会党组38次传达学习习近平总书记重要讲话指示批示和中央会议精神，省人大常委会5次举办专题讲座，常委会及专委会组成人员更加自觉地从政治上研判形势、分析问题。二是持续提升履职能力。主任会议成员带头采取"四不两直"方式开展立法、监督等调研，省人大常委会及机关共完成各类调研75

项。三是强化机关服务保障能力建设。纵深推进机关党建暨党风廉政建设，巩固扩大"不忘初心、牢记使命"主题教育成果，扎实开展深化"三个以案"警示教育。着力加强宣传思想和意识形态工作，持续推进制度完善和执行，机关服务保障效能得到进一步提升。具体而言，2020年安徽省人大常委会能够克服疫情影响，创新对外交流交往方式，通过网络平台等多种途径，保持与国外友好省州议会的联系，就疫情防控常态化条件下加强交流合作交换意见、达成共识，为安徽省实行更高水平对外开放添力增效。省人大常委会主动对接全国人大常委会有关工作安排，认真落实交办的各项任务，配合开展了野生动物保护"一法一决定"、农业机械化促进法、公共文化服务保障法、土壤污染防治法、慈善法等5次执法检查，完成了民法典等27件法律草案征求意见工作，协助在安徽开展长江保护法、科技创新等7项立法调研和专题调研。常委会创新履职方式、发挥代表作用等经验做法，得到全国人大有关方面充分肯定、宣传推介。省人大常委会认真落实省委关于召开人大工作会议、制发有关文件的重要部署，坚持大抓基层鲜明导向，聚焦加强基层人大工作和建设，主任会议成员赴各地市及部分县乡开展调研，系统总结基层创新实践，研究提出加强改进举措，为省委作出新的部署、制发《关于加强新时代人大工作和建设的意见》等提供了重要基础。

依法行政工作

2020年是全面决胜小康社会的关键之年，在党中央、国务院及安徽省委的坚强领导下，全省各级行政机关坚持以习近平新时代中国特色社会主义思想为指导，深入学习贯彻习近平法治思想和习近平总书记考察安徽重要讲话指示精神，全面落实党中央、国务院及安徽省实施方案要求，围绕核心要义，坚持率先突破，牢牢把握法治政府建设的重点任务和目标方向，用法治给行政权力定规矩、划界线，切实把习近平法治思想贯彻落实到法治政府建设的全过程、各方面，法治政府建设取得积极进展，政府工作法治化、规范化、科学化水平不断提升。

一、推动顶层设计全面发力

安徽省政府主要负责同志认真履行推进法治建设第一责任人职责，把法治建设的重任扛在肩上、抓在手上。先后主持召开涉及法治政府建设事项的省政府常务会议33次，其中2次专题听取法治政府建设情况汇报，研究法治政府建设议题79项。修改完善依法行政考核评价指标体系，将法治政府建设成效作为省政府目标管理绩效考核重要指标。召开2020年安徽省推进依法行政工作领导小组会议，实行法治政府建设任务、责任、督察清单式管理。开展全国及全省法治政府建设示范创建活动，蒙城县、天长市、黟县3个县（市）入选全国法治政府建设示范县（市），入选数量位居全国第六。截至2020年底，全省法治政府建设实施方案中明确的152项任务已全部完成。

二、加快推进政府职能转变

转变政府职能是深化行政体制改革的核心，2020年安徽省政府深化简政放权、放管结合、优化服务改革，持续优化市场化法治化国际化营商环境。

——持续优化服务方式。转变政府职能、深化简政放权，坚持为民办事、为民解忧、为民谋利，规范行政行为，优化办事流程，转变工作作风，全面提高政府效能，让人民群众不断感受到改革带来的新气象、新作为，不断增强对改革的获得感。如及时衔接落实2020年国务院决定取消和下放的行政许可事项，省级行政许可事项压减至192项；工商登记后置审批事项压减至137项，继续保持长三角地区最少；和2015年1月公布施行的《安徽省省级涉企收费清单》相比，项目总数压减至90项，降幅47.1%，其中涉企行政事业性收费项目下降近60%，行政审批前置服务项目收费由80项减少至35项。

——深化政府机构改革。面对新时代新任务提出的新要求和人民群众的新期盼，通过改革使政府机构设置和职能配置适应经济社会的发展变化，进一步理顺政府与市场、政府与社会的关系，才能有力推动经济发展质量变革、效率变革、动力变革，切实解决发展不平衡不充分问题，更好满足人民对美好生活的需要。围绕推动高质量发展和建设现代化经济体系,进一步调整优化政府机构职能,合理配置宏观管理职能,推动构建市场机制有效、微观主体有活力、宏观调控有度的经济体制,不断增强经济创新力和竞争力。开展相对集中行政许可权改革试点。继续深化商事制度改革,实现321项"一件事"全程联办。开发上线7×24小时政务服务地图,关联全省2.3万个服务场所、近6000个自助终端、191万个服务事项,日访问量约40万余人次,群众满意度达99%,连续3年进入省级政府网上政务服务能力第三方评估全国第一方阵。

——持续优化营商环境。营商环境与招商引资相辅相成、有机统一。近年来,安徽省不断优化营商环境,但优化营商环境只有起点、没有终点,还需要采取有效措施持续推进。2020年安徽省政府在省级政府中率先施行《安徽省实施〈优化营商环境条例〉办法》。全省实现企业开办"全程网办、一日办结"。深入实施"四送一服"双千工程,全年累计收办企业困难问题4.11万个,帮助企业融资385.67亿元,企业对"四送一服"满意度达97.6%。

——持续深化商事制度改革。"十三五"以来,全省市场监管改革取得显著成效,商事制度改革红利持续释放,市场活力和社会创造力显著增强。全省市场主体户数连续4年保持两位数增长,年均增长率达20.29%。截至2020年11月底,全省实有各类市场主体580.38万户,其中企业165.84万户,分别比"十二五"末增长了110.34%和155.59%。

——全面落实消费者维权工作。安徽省以深化商事制度改革为先手棋，持续优化市场准入环境，市场准入便利化程度大幅提高。企业开办实现"一网通办、全程网办、一日办结"，"证照分离"改革深入推进，"五十七证合一、一照一码"改革全面推行，工业产品生产许可目录由60类压减至10类，工商登记后置审批事项从194项压减至137项，安徽省成为长三角地区审批事项最少省份。在持续放宽市场准入的同时，安徽省全面加强事中事后监管，加快建设统一开放、竞争有序的现代市场体系。市场消费环境持续改善，12315"五线合一"全面完成，全省12315累计接受处理消费投诉举报咨询200多万件，为消费者挽回经济损失近5亿元。省市场监管部门着力畅通投诉举报渠道，坚持多渠道"24小时不打烊"接收投诉举报咨询，及时高效处置消费者合法诉求。

三、科学推进政府立法工作

立法工作是依法行政的基础和关键，2020年安徽省政府坚持科学立法、民主立法，进一步完善立法工作体制机制，改进立法方式，切实提高立法质量，充分发挥政府立法在全面深化改革中的引领和推动作用，为加快建设职能科学、权责法定、公开公正、廉洁高效、守法诚信的法治政府提供了有效的法治保障。

——完善政府立法体制。制定出台《安徽省人民政府关于加强行政立法工作的意见》，不断完善行政立法工作机制。举办全省行政立法培训，首次对设区的市政府规章实施质量评估。提请省人大常委会制定《安徽省公安机关警务辅助人员管理条例》等3件地方性法规，修改《安徽省爱国卫生条例》等15件地方性法规，充分发挥人大在立法工作中的主导作用。

——坚持立改废释并举。以良法促发展、保善治，不断提高立法质量。省政府分别制定、修改、废止规章2部、5部、4部。组织开展优化营商环境、野生动物保护、涉民法典等领域规章、规范性文件清理，修改、废止8部省政府规章、17件省政府规范性文件、374件省级政府部门规范性文件。

——加强重点领域立法。从实际出发，突出重点，科学合理安排立法项目。在抗击新冠肺炎疫情斗争中，省委全面依法治省委员会及时印发《关于依法防控新冠肺炎疫情切实保障人民群众生命健康安全工作方案》，省委、省政府研究制定强化公共卫生体系建设法治保障、健全重大疫情救治体系等7个实施方案。在抗击特大洪涝灾害过程中，精准运用《防洪法》《防汛条例》等法律法规，强化应急处置和责任落实。

——规范优化决策程序。出台《安徽省重大行政决策程序规定》，省政府办公厅、省政府法制办全面开展合法性审查工作，保证了重大决策合法合规。全年开展省政府重大决策事项合法性审查1039件，同比增加7%；省政府常务会议审议事项、重大决策事项合法性审查率100%；邀请利益相关方和媒体代表2批、18人次列席省政府常务会议。不断提高规范性文件质量，省级收到备案登记审核文件596件，准予备案586件，纠错率1.7%。

四、显著加强行政执法效能

行政执法作为政府工作最基本的环节，其效能关乎法治政府建设的成败，推进行政执法效能建设旨在提高工作效率，执法效果和社会效益。

——持续推进综合执法改革。为有效解决多头执法、多层执法、执法扰民、基层执法力量不足等问题，切实提升执法效率和监管水平，组织实施全省市场监管、生态环境保护、文化市场、交通运输、农业五大领域综合执法改革，全省设区的市均挂牌组建综合行政执法队伍。

——加大重点领域执法力度。及时查处食品药品、公共卫生、自然资源、生态环境、安全生产、劳动保障、城市管理、交通运输、金融服务、教育培训、乡村治理、工程建设、市场流通、信息网络、旅游文化等重点领域的违法行为。其中，实施环境行政处罚2257件，全省PM2.5平均浓度同比下降15.2%，优良天数同比提高11.1%；开展食品安全、农资执法打假、知识产权"铁拳"等专项行动，办结案件4万余件，销毁假冒伪劣商品39万余件217吨。

——深入推进执法体制改革。深入推行行政执法三项制度，为促进严格规范公正文明执法、保障和监督行政机关有效履行职责和维护人民群众合法权益，印发《安徽省行政执法公示办法》《安徽省执法全过程记录办法》。开展公共资源交易管理等领域相对集中行政处罚权工作，批复同意滁州等7地市工作方案，切实提升公共资源交易监管工作实效。

——加强行政执法人员管理。组织开展全省行政执法人员资格认证统一考试，进一步加强行政执法人员资格管理，保障行政执法人员素质，1.6 万余人取得行政执法资格。

五、持续强化行政权力监督

行政权力是宪法和法律赋予行政机关管理经济、文化、社会事务的权力，是国家权力的重要组成部分。强化对行政权力的制约和监督，保障其依法正确行使，是我们党治国理政必须解决好的重大问题。

坚决整治形式主义、官僚主义，省政府文件、会议和督查检查考核数量同比分别减少 15.74%、27.3% 和 35.7%。行政诉讼是解决行政争议，保护公民、法人和其他组织合法权益，监督行政机关依法行使职权的重要法律制度，做好行政应诉工作是行政机关的法定职责。通过加强行政应诉工作，全省行政机关办理行政应诉案件 7784 件。依法全面履行审计监督职责，推动审计工作高质量发展，不断提高治理效能。全省审计机关共审计和专项审计调查 4081 个单位，促进增收节支、挽回或者避免损失 69.09 亿元。全省县、乡两级基层政务公开事项目录编制工作全部完成，实现各事项常态化公开，提高政府工作的透明度、增强政府公信力。

六、有效化解各类矛盾纠纷

2020 年安徽省开展行政复议和信访工作，支持人民调解和法律援助，积极预防化解社会矛盾纠纷，公民、法人和其他组织的合法权益得到切实维护，公正、高效、便捷、成本低廉的多元化矛盾纠纷解决机制形成，行政机关在预防、解决行政争议和民事纠纷中的作用得以充分发挥，通过法定渠道解决矛盾纠纷的比率大幅提升。

积极发挥行政复议纠错功能，全年全省各级行政复议机关共审结5967件。坚持和发展新时代"枫桥经验"，着力推进诉调对接、警民联调、访调对接等工作机制，积极开展新时代人民调解工作。商会调解组织在全国率先实现省市县三级全覆盖。人民调解组织调解各类纠纷54.2万件，调解成功率达98%以上；做好困难群众法律援助工作，加大对残疾人、军人军属等特殊群体维权服务，办理法律援助案件9.05万件；全省公共法律服务实体平台为群众提供法律咨询解答13.1万人次，12348热线平台接受咨询50.5万人次，网络平台办理业务3.5万件；认真落实领导接访、干部下访，善于倾听民声，善待弱势群体，及时将群众合理诉求解决到位，以实实在在的工作成效取信于民，真正做到解民忧、聚民心。全省党政领导1.5万人次接访下访群众1.7万批4万余人次，解决信访问题1万余件，群众"信、访、网、电"全部纳入网上流转，网上信访占比居全国第一。

七、营造更加浓厚法治氛围

社会主义法治文化是中国特色社会主义文化的重要组成部分，是社会主义法治国家建设的重要支撑。为充分发挥法治的规范引领和保障作用，让人民群众法治获得感成色更足，必须营造浓厚的法治氛围。

习近平法治思想系统阐释了新时代全面依法治国的战略思想和工作部署，明确了全面依法治国方向道路、目标要求、工作布局、重要保障，安徽省深入学习宣传贯彻习近平法治思想，大力弘扬法治精神。省政府党组会议学习习近平总书记关于全面依法治国的重要论述和党内法规12次；"七五"普法圆满收官，法治宣传教育实效性进一步增强；全省县以上党政机关组织法治讲座800余次、参与人数5.2万人次；各地组织国家工作人员法治培训8500余次、培训42万人次；330个青少年法治宣传教育基地开展活动1200余次、参与人次达16万，不断增强公民的守法意识，弘扬法治精神。

审判工作

2020年，安徽省高级人民法院坚持以习近平新时代中国特色社会主义思想为指导，深入学习习近平法治思想，紧紧围绕"努力让人民群众在每一个司法案件中感受到公平正义"目标，坚持服务大局、司法为民、公正司法，忠实履行宪法法律赋予职责，全省法院共受理各类案件1577817件（含诉前调解成功案件331942件、涉诉信访案件18841件），同比上升15.2%；办结1556707件，同比上升16.4%。省高院共受理各类案件25015件（含涉诉信访案件11799件），同比上升23.4%；办结24670件，同比上升23.7%。全省法院审判执行案件结案率98.3%，居全国法院第2位；省高院结案率97.4%，居全国高院第2位。生效裁判服判息诉率98.2%，进京访同比下降76.7%，赴省访同比减少26.4%。

一、全面决胜小康社会

2020年，全省法院围绕决战决胜全面建成小康社会，服务大局、彰显担当，为安徽省统筹推进疫情防控和经济社会发展提供有力司法服务保障。

——服务疫情防控和复工复产。出台保障疫情防控23条意见；审结危害疫情防控等11类犯罪案件211件，当庭宣判139件；3起案件入选最高法院依法惩处妨害疫情防控犯罪典型案例；审结因疫情引发的买卖、旅游、劳务等案件1754件；统一开展"江淮风暴"执行助力复工复产行动、服务"六稳""六保"专项执行行动，深入推进执行长效机制建设，推动切实解决执行难，审结案件81095件，执行到位98.6亿元；对1790家企业暂缓强制措施，为企业纾危解困。全省法院广大法官和工作人员干字当头、奋力拼搏、闻令而动、无私奉献，8781人次参加社区防疫，投入防汛救灾6520人次，为服务全省大局、推动法院发展贡献力量。

——护航三大攻坚战。审结扶贫领域腐败、涉农骗补骗保、农资造假等犯罪案件276件；审结农村土地流转、股份合作、产业发展等案件4524件；审结集资诈骗等涉众型经济犯罪案件414件；淮北、芜湖金融法庭审结案件12390件；依法判处安徽省首例内幕交易案被告人陈海啸有期徒刑七年，罚金1.5亿元；审结环境资源案件15048件；判决责令36个被告单位、553名被告人缴纳生态环境修复费用2753.5万元；审结非法捕捞水产品犯罪案件296件。把民法典贯彻实施作为一项长期战略任务，坚定不移贯彻新发展理念，妥善审理涉金融案件，依法审理环境资源案件，强化民生司法保障，加强对民法典实施后新类型案件的研判和指导，充分发挥司法裁判功能，坚决同"和稀泥"做法说不。灵活运用补种复绿、增殖放流、限期修复、劳务代偿等责任承担及履行方式，促进生态环境修复；在新安江源头、巢湖沿岸设立生态巡回法庭。服务长江（安徽）经济带高质量发展，落实长江流域"十年禁捕"工作要求，依法严惩非法捕捞水产品等犯罪，亚兰德新能源公司、吕守国等7人污染环境案入选长江经济带生态环境司法保护十大典型案例。

——服务全面推进长三角一体化发展。审结涉沪苏浙企业民商事案件23638件，委托执行案件10269件，受托执行案件28899件；开展融入长三角一体化发展司法大数据研究；四地高院联合发布首批长三角法院24个典型案例；安徽法院诉讼服务网入驻长三角政务服务"一网通办"。助力保障融入长三角一体化发展正从"省域"迈向"全域"，高质高效审理案件，促进优化法治化营商环境；加强知识产权司法保护，服务协同创新体系共建；筑牢环境资源司法屏障，推进生态环境共保联治；开展"江淮风暴"执行攻坚，向切实解决执行难进军；推进一站式多元解纷和诉讼服务建设提档提速，推动司法服务互通共享。

二、服务平安安徽建设

2020年，全省法院围绕建设更高水平的平安安徽，惩罚犯罪、保护人民。审结刑事案件47883件，判处罪犯61646人。

——深入开展扫黑除恶专项斗争。全省法院圆满完成扫黑除恶专项斗争审判执行任务，扎实推进"案件清结""黑财清底"，共审结黑恶案件950件9071人，一审涉黑恶案件全部清结。16个地市全部建立黑财实物上缴财政处置机制。判决依法追缴、没收违法所得20.4亿元，判处财产刑21.3亿元，共执行到位39.7亿元，促进更高水平平安安徽建设。移送涉黑涉恶涉伞涉腐线索1094条，立足案件审判提出司法建议925条。审结全国扫黑办挂牌督办的"张氏兄弟"涉黑案等大案要案，在依法审判中体现司法定力。

　　如"5·03"黑社会性质组织案，马鞍山市公安局接"陈某忠等人涉黑涉恶"违法犯罪线索后，于2019年5月3日成立专案组开展侦查，查明陈某忠自1996年起，贿赂、腐蚀部分领导干部，利用公权力打击异己，垄断某公司劳务及废钢经营。近20年来，笼络吸收多个黑恶势力团伙，形成人员众多、层级稳固的犯罪组织，实施违法放贷、非法讨债、串通投标、非法采矿、开设赌场、敲诈勒索等违法犯罪行为，非法敛财数亿元，形成"以黑护商、以商养黑"的利益闭环。此案共抓获犯罪嫌疑人91名，破获79起违法犯罪案件，查封扣押涉案财产约2.01亿元人民币。2020年11月13日，马鞍山市当涂县人民法院一审宣判，陈某忠等33名犯罪嫌疑人被判处有期徒刑二十五年至一年不等刑罚，并处没收陈某忠个人全部财产。2020年12月29日，马鞍山市中级人民法院二审裁定维持原判。

　　——严惩严重暴力犯罪。切实维护国家安全和社会稳定，审结杀人、抢劫、绑架、重伤等犯罪案件641件781人；审结毒品犯罪案件1293件1890人；依法严惩拐卖、性侵妇女儿童等犯罪，审结案件346件399人；审结利用网络实施赌博、传销、贩枪、套路贷等新型犯罪案件349件827人；依法对7·12特大跨境电信诈骗案的79名被告人予以惩处。兼顾"三个效果"统一，指令再审"百香果女童被害案"，对严重违国法、悖天理、逆人情的被告人依法改判并执行死刑。

　　如秦伟明、谷山玉等人走私、贩卖、运输毒品案，作为新中国成立以来安徽涉毒数量最大的案件，涉案毒品吗啡130余公斤。法院认为，秦伟明、谷山玉、刘燕、陶俊良伙同他人贩卖、运输吗啡130033.1克，其行为分别构成走私、贩卖、运输毒品罪，且数量特别巨大。秦伟明、谷山玉、刘燕罪行极其严重，社会危害性极大。据此，对秦伟明、谷山玉、刘燕判处死刑，剥夺政治权利终身，并处没收个人全部财产，并报请最高人民法院核准。

——依法惩处侵犯人身财产权益犯罪。审结盗窃等多发性侵财犯罪案件5965件7321人，审结危害食品药品安全犯罪案件131件245人，审结醉酒驾驶、交通肇事、高空抛物等危害公共安全犯罪案件15718件15773人，不断增强人民群众安全感。立足"两个大局"，胸怀"国之大者"，精准服务"六稳""六保"，依法快审快结涉疫犯罪案件5474件。

——依法惩处职务犯罪。司法腐败，对司法公正和司法公信伤害极大。2020年安徽全省法院审结贪污贿赂等职务犯罪案件546件675人，审结行贿犯罪案件62件93人，对91名职务犯罪罪犯裁定不予减刑假释。以张坚案为反面典型，在全省法院部署开展深化"三个以案"警示教育，纵深推进全面从严治党、从严治院，强化审判权力监督制约，促进严格公正司法，推动司法质量、效率和公信力不断提升。把巡视巡察反馈问题整改作为重要政治任务，扎实推进巡察反馈问题整改落实。坚决整治形式主义官僚主义，司法作风持续好转。坚决以零容忍态度惩治司法腐败，执纪问责力度不断加大。全省法院自觉履行全面从严治党主体责任，加强过硬法院队伍建设，党风廉政建设和反腐败工作取得新成效。

——强化人权司法保障。启动非法证据排除程序83次，应用刑事智能辅助办案系统办案35023件；对11名公诉案件被告人和8名自诉案件被告人依法宣告无罪；对21860名被告人依法判处缓刑、管制或免予刑事处罚；为被告人指定辩护律师28405人次；对355名少年罪犯使用非监禁刑，回访帮教186人次，未成年人犯罪同比下降15.9%；审结国家赔偿案件195件；发放司法救助款6463.9万元。成立省高院少年法庭工作办公室，全面落实"教育、感化、挽救"方针和"教育为主、惩罚为辅"原则，做好双向、全面保护，确保未成年人依法得到特殊、优先保护，体现司法人文关怀。

如胡某某故意伤害案，胡某某与被害人金某、童某、温某某均系某中学高二学生。胡某某家在外地，自幼父母离异，与爷爷奶奶一起生活，案发时独自在外地上学，曾多次遭受金某等人的言语欺凌。案发当天，金某三人又故意将胡某某的书藏了起来。为此，晚自习时胡某某与金某等人理论，继而发生冲突。胡某某用事先携带的弹簧刀将金某、童某、温某某划伤。经鉴定，金某人体损伤程度属重伤二级。法院经审理认为，被告人胡某某故意非法伤害他人身体，致一人重伤，其行为构成故意伤害罪。鉴于本案被害人有一定过错，胡某某系未成年人等情况，依法对其予以减轻处罚。遂以故意伤害罪判处被告人胡某某有期徒刑二年四个月。

三、促进经济社会发展

2020年，全省法院围绕构建新发展格局，调节关系、促进发展，全年共审结民商事案件692307件，同比上升2.9%；标的额2673.6亿元，同比上升20.1%。

——优化法治化营商环境。审结服务、投资、贸易等合同纠纷案件434757件；审结融资租赁、股权质押等案件4006件；审结民间借贷案件110796件；审结破产案件198件；审结涉民营企业案件212607件，执结拖欠中小企业债务案件7328件、26.5亿元；审结涉外涉港澳台案件532件，办理国际司法协助案件96件。完善金融、破产、知识产权、环境资源等领域案件审判工作机制，提升民商事审判专业化水平。

2020年6月，蚌埠开展以"守住钱袋子 护好幸福家"为主题的防范非法集资暨地方金融领域扫黑除恶专项斗争宣传月活动。6月18日，蚌埠中院召开新闻发布会，介绍近年来蚌埠市法院打击非法集资暨涉地方金融犯罪审判工作情况，通报了电信诈骗"线下"取款非法抽成牟利；"套路贷"实施诈骗"软暴力"非法讨债；骗领大量信用卡套现；"皮包公司"非法吸收公众存款；出售虚假电视剧链接诱导付款"坑"害人；银行职员骗取村民拆迁款；虚假宣传理财产品高息回报实为"陷阱"等7起典型案例。通过以案释法，增强民众风险防范意识、提高风险识别能力。

——加强知识产权司法保护。审结商标、专利、著作权等案件8645件，审结知识产权刑事案件171件，连续12年入选中国法院知识产权司法保护典型案例。设立芜湖金融巡回法庭，发布涉民营企业典型案例，对判决生效的涉产权案件开展评查。把民法典贯彻实施作为一项长期战略任务，坚定不移贯彻新发展理念，加强对"卡脖子"关键核心技术以及新兴产业、重点领域、种源等知识产权司法保护。知识产权案件数量持续增长，折射出安徽创新发展能力持续增强，高新企业加快发展，在全省经济发展中的重要性不断提升。

如罗莱生活科技股份有限公司与蚌埠市禹会区金铂庄大酒店侵害商标权及不正当竞争纠纷案。2018年12月10日，罗莱公司向蚌埠市禹会区市场监督管理局进行书面举报称，蚌埠市禹会区金铂庄大酒店赠送活动中，所赠送的罗莱蚕丝被为侵犯商标专用权商品。执法人员当即对蚌埠市禹会区金铂庄大酒店进行检查，店里大堂摆放当作赠品的罗莱蚕丝被26床，经现场询问，活动中已赠送出4床罗莱蚕丝被，商标权利人出具的鉴定报告载明，涉案扣押的金铂庄酒店内商品并非罗莱公司生产或委托生产的产品，系假冒侵犯注册商标的商品。最终安徽省蚌埠市禹会区人民法院判决金铂庄大酒店立即停止侵权并赔偿罗莱公司经济损失8000元。一审判决后，双方当事人均未上诉。本案明确了赠品提供者对知识产权侵权行为应承担的责任，对以后处理相似案件具有参考借鉴意义。

——促进新业态新模式健康发展。审结网络购物、在线教育、直播带货等"互联网+"新型消费纠纷案件42704件，审结侵犯公民个人信息犯罪案件71件，审结人工智能、网络游戏著作权等新类型案件315件。

——助推法治政府建设。审结行政审批、行政处罚、市场监管等行政案件13599件；审结政府招商引资、特许经营、土地房屋征收等行政协议案件316件；确认行政行为违法或无效、撤销行政行为1378件；行政机关败诉率17.3%，同比下降1.2个百分点；发布实质性解决行政争议8个典型案例；行政机关负责人出庭应诉率66.1%，同比上升11.7个百分点。

四、坚持司法为民服务

围绕人民群众多元司法需求，回应期待、保障权益。践行以人民为中心的发展思想，紧盯人民群众在教育、就业、医疗、社会保障等方面公平正义需求，不断推进新时代的司法服务创新，积极打造一套具有安徽特色的司法服务体制。

——维护人民群众切身利益。审结教育医疗、养老育幼、社会保障、劳动争议等案件79809件；审结婚姻家庭案件85243件，发出人身安全保护令61份；审结房产交易、房屋租赁、物业服务案件87896件；坚持涉军维权"鄂豫皖模式"，加强大别山革命老区军地法院协作，审结案件245件。推进少年家事法庭建设、涉军维权"鄂豫皖模式"等工作和魏晶晶同志先进事迹写入最高法院工作报告之中。

——加快一站式多元纠纷和诉讼服务体系建设。依托人民法院十大诉讼服务信息平台，集成50项诉讼功能，在满足群众多元司法需求中传递司法温暖，共网上立案136143件、网上调解360253次、网上送达302755次；全省369个人民法庭共调解、审结案件181397件；当场立案率达98%；12月份立案数占全年的7.5%。安徽法院诉讼服务综合质效居全国法院第2位。坚持集约化建设、立体化解纷、网络化服务，全面畅通在线诉讼服务渠道，实现跨域立案全覆盖，推动诉讼事项"网上办""掌上办"，确保疫情期间诉讼服务"不停摆""不打烊"。坚持把非诉讼纠纷解决机制挺在前面，增强诉源治理实效，深化诉调对接，深度应用人民法院调解平台，促进更多矛盾纠纷化解在诉前。着力推进诉源治理，建立全省民商事案件万人成讼率通报制度，推动将"万人成讼率"和"无讼村（社区）"创建纳入全省平安建设考评体系，促进更多矛盾纠纷化解在诉前。

——弘扬社会主义核心价值观。依法审理侵犯革命先烈名誉权案，捍卫尊严、弘扬正气。出台防范制裁虚假诉讼工作指引，对92名虚假诉讼罪犯予以惩处；发布知识产权、环境资源、消费者权益保护等典型案例70个；上网公布裁判文书1302447份，在线直播庭审243454场，均居全国法院第8位；省高院官方微信等7个新媒体账号入选全国法院百优新媒体。

如钟某、金某与××婚礼婚庆服务部庆典服务合同纠纷案，2018年1月6日，钟某、金某通过微信与××婚礼婚庆服务部经营者联系，确定由该服务部为两人婚礼提供司仪和摄像，并通过微信转账的方式支付了费用，其中摄像费900元。婚礼结束后，××婚礼婚庆服务部告知电脑损坏并无法修复导致婚礼视频影像资料丢失。双方就赔偿等问题协商未果，钟某、金某遂诉至法院，请求××婚礼婚庆服务部返还婚礼摄像服务费900元，赔偿因婚礼视频损坏造成的精神损失费8000元。宣城市宣州区人民法院审理认为，××婚礼婚庆服务部因电脑损坏导致婚礼视频影像资料丢失的行为，构成违约。同时，新人的婚礼影像资料具有重大的情感价值和一定的人格象征意义，是无法补救、不可替代的特种纪念品，给钟某、金某造成了较大的精神损害，其主张赔偿精神损害抚慰金8000元依法应予支持。最终法院判决××婚礼婚庆服务部返还钟某、金某婚礼摄像服务费900元并赔偿钟某、金某精神损害抚慰金8000元。

五、加快执行攻坚步伐

围绕切实解决执行难更高目标，持续攻坚、务求长效。全年受理执行案件391308件，执结387455件，结案率居全国法院第2位，在推进长效机制建设中维护司法权威；执结标的额2155.7亿元，同比增长10.6%。

——大力推进线上执行。通过"总对总""点对点"系统查控241434次，应用智慧执行App办理案件237042件，网上发放案款311亿元；成功举办"6·18""11·11"两次网络司法拍卖节，共开展现场直播、VR看房等活动121场，总围观1012万人次，参加竞拍3949人次，成交总金额11.5亿元；适时恢复线下执行，集中执结小标的案件29090件、涉金融债权案件6478件、涉民生案件34844件、涉党政机关案件212件，执行到位42.1亿元；发布失信被执行人名单185433人次、限制高消费264045人次，限制乘坐飞机、动车、高铁284577人次，限制出境88人次，罚款867.4万元，拘留3468人次，判处拒不执行判决、裁定罪590人。

——开展执行长效机制建设推进年活动。保持攻坚势头不减，在全省法院部署开展"江淮风暴"执行长效机制建设推进年活动，围绕十项执行重点工作开展调研，进一步加快向切实解决执行难进军步伐。运用GIS可视化管理平台远程指挥行动1978次，制定、提级、协同执行案件2871件；全省法院共设有609个执行团队。总结好执行长效机制建设推进年活动实战成果，扎实开展基本解决执行难"回头看"，切实发挥好三级法院一体推进作用，确保"3+1"核心指标保持高水平运行。

——巩固拓展综合治理执行难格局。推动将解决执行难工作纳入地方平安建设、文明创建等考核；会同省公安厅出台协助法院执行查控工作实施细则。在推动切实解决执行难中，安徽法院始终加强与沪苏浙法院执行协作，推动信息化查控及协助执行网络有效衔接，努力打造办案"同城效应"。

六、深化司法改革

2020年，全省法院继续深化司法改革，完善司法改革体制，围绕推进执法司法制约监督体系改革和建设，加强监管、规范行权。

——构建多层次审判监督管理体系。制定法官权责清单进一步明确院庭长对重大分歧案件、办案程序性事项等监管职责，院庭长共办案618918件。发布第8批7个参考性案例，审结二审案件66479件、再审案件2300件。落实安徽法院法官权力和职责清单、审判委员会工作规则等规定，完善审判权力运行制度，落实院庭长案件监管责任。

——强化均衡结案管理。深化分调裁审改革，推进案件繁简分流，进一步缩短办案周期，推动执法办案更加高效均衡良性运行。121家法院长期未结诉讼案件清零；全省法院38个速裁庭、232个速裁快审团队共速裁快审案件303712件；设立41个环资、知产、破产、家事等专业审判庭办理类型化案件。安徽法院均衡结案做法入选最高法院第10批司法改革案例。

——深化多元纠纷机制改革。全省民商事案件"万人成讼率"同比下降4.9个百分点，45家法院新收案件同比下降；

全省法院诉前调解案件占一审民事案件的54.9%。坚持把非诉纠纷解决机制挺在前面，在党委领导下，切实发挥法院参与、推动诉源治理作用，主动融入乡镇（街道）、村（社区）矛盾化解工作体系，努力将矛盾纠纷化解在基层。全面加强一站式多元解纷和现代化诉讼服务体系建设，深化在线多元解纷，加速与工商联商会调解服务、综治解纷等平台对接，夯实诉讼服务中心一站解纷功能。

七、加强自身建设

坚持以政治建设为统领，围绕锻造过硬法院队伍，内强素质、外树形象，不断提高司法队伍正规化、专业化、职业化水平，努力锻造一支政治过硬、业务过硬、责任过硬、纪律过硬、作风过硬的高素质队伍。

——坚持党的领导。加强干部队伍建设要求，把党的政治建设摆在首位，学懂弄通做实习近平新时代中国特色社会主义思想，着力增强践行"两个维护"的自觉性和坚定性，确保法院工作始终置于党的绝对领导之下。对《中国共产党政法工作条例》《中国共产党党和国家机关基层组织工作条例》《安徽省领导干部政治素质考察办法（试行）》进行集中学习研讨，牢牢坚持党对法院工作的绝对领导，切实把握人民法院政治机关属性，始终坚定不移在政治立场、政治方向、政治原则、政治道路上同以习近平同志为核心的党中央保持高度一致。加强基层党组织建设，充分发挥战斗堡垒作用。抓好党内法规的贯彻落实，并结合巡视反馈问题和深化"三个以案"警示教育查摆出的问题，对照党章党规发挥党建工作引领作用；坚持把抓好党建作为最大政绩，全面落实党建工作主体责任，以党内法规为基本遵循，把机关党建各项工作抓实、抓细，切实提高党建工作水平；找准抓党建促审判的结合点，确保机关党建工作与业务工作深度融合，推动法院各项工作不断取得新的发展进步。突出政治建设，打造忠诚干净担当的法院干部队伍。

——狠抓素质能力建设。提升司法能力水平，加强实践锻炼、专业训练，与沪苏浙法院加强审判业务常态化交流，完善统一培训、学习等人才培养机制，切实提升干警司法能力。加大教育培训力度，省内多家法院召开人民陪审员专题培训会、人民调解工作培训会；在全省各级政法机关扎实开展政法英模学习教育，弘扬英模精神，凝聚奋进力量，进行政法队伍教育整顿；开展审判技能竞赛、司法警务大比武、信息化实用技能演练等比赛，通过比赛不断提升法院队伍素质能力。

——培育法院文化。安徽高院举行全省法院"迎国庆"摄影展，主题突出、视角独特、意境深远，以艺术的形式如实记录、生动展示了广大干警在抗击新冠肺炎疫情、防汛救灾、脱贫攻坚、扫黑除恶、"江淮风暴"执行助力复工复产等重大斗争、重点工作一线的忙碌身影；应邀参加由上海市高级人民法院和华东政法大学共同举办的第六届"燃灯杯"足球邀请赛，安徽高院足球队在比赛中获得亚军；开展肺部结节常见疾病防治知识讲座，持续关注全院干警职工的健康需求，有效发挥桥梁纽带作用；举办第五期司法警察心理咨询和健康疗养活动，帮助司法警察调整心理状态、减轻思想负担、增强抗压能力；召开院机关军队转业干部代表座谈会；等等。

检察工作

2020年，在省委和最高检的坚强领导下，在省人大及其常委会有力监督下，全省检察机关坚持以习近平新时代中国特色社会主义思想为指导，深入践行习近平法治思想，自觉把学习贯彻习近平总书记考察安徽重要讲话精神转化为推动检察工作高质量发展的强大动力，各项检察工作取得新进展。全省检察机关共办理各类案件174586件，同比上升29.9%。公开听证、惩防虚假诉讼、服务民企发展等11项工作在全国性会议上介绍经验，20个案件被最高检评为指导性案例、典型案例，156个集体和个人获省部级以上表彰奖励，7个基层检察院荣获"全国先进基层检察院"荣誉称号，74名干警荣获全国全省业务专家、优秀公诉人等称号。

一、依法起诉刑事犯罪

起诉刑事犯罪是各级检察院对犯罪行为提起公诉，更好地惩治犯罪与保障人权，保障国家安全和社会公共安全，进而更好地服务于安徽的经济社会发展。

——从严从紧打击刑事犯罪。在防风险、保平安上，2020年，全省检察机关积极发挥指控证明犯罪主导责任，批捕19461人、起诉58885人；起诉严重暴力犯罪2111人，起诉危害公共安全类犯罪16412人，起诉涉众型经济犯罪1085人，依法办理"妥妥当"平台非法集资案、"7·12"特大跨国电信诈骗案等重大社会影响案件。在顾大局、助发展上，省检察院出台服务"六稳""六保"29条意见，积极参与打击侵权假冒行动，起诉侵犯知识产权犯罪425人，围绕惩治危险废物污染、长江禁渔等重大部署开展专项行动，起诉破坏环境资源犯罪2376人，提起公益诉讼461件，助力"蓝天、碧水、净土"保卫战。如池州市检察院依法打击刑事犯罪，贯彻总体国家安全观，助力平安池州建设，批准逮捕各类犯罪嫌疑人457人、提起公诉1328人。强化公共安全保障，起诉涉枪涉爆、危害交通安全等犯罪288人。依法惩治侵犯公民人身权利犯罪，紧盯多发性侵财犯罪，起诉379人。办理涉"黄赌毒"犯罪案件65件。坚决打击通过境外窝点实施网络诈骗、泄露个人信息等新型犯罪，起诉相关犯罪嫌疑人50人。持续推进反腐败斗争，审查起诉职务犯罪10人，扎实办理中央扫黑除恶督导组关注、省检察院交办的杨某某等4人刑讯逼供案。在群众安全感满意度民调中，池州市检察机关评分居全省同系统前列。

——深化扫黑除恶专项斗争。安徽省检察院强化精准指控，突出办案质效，始终坚持"是黑恶犯罪一个不放过、不是黑恶犯罪一个不凑数"的底线，直接挂牌督办104件重大案件。侦查机关以涉黑涉恶移送审查起诉，检察机关依法不认定436件；侦查机关未以涉黑涉恶移送的，检察机关依法认定229件。

强化破网清财，突出深挖打伞。严格执行"两个一律""一案三查"制度，发现涉黑涉恶及保护伞线索6410条。监督有关部门依法处置涉案财产23.98亿元，坚决铲除黑恶势力滋生土壤。强化长效常治，突出行业清源，深挖黑恶势力犯罪根源，发出惩防犯罪检察建议1140份，收到反馈1113份。制定实施《关于常态化惩治和预防黑恶犯罪工作的意见》，努力当好党委政府"法治参谋"。

如池州市检察机关以"六清"行动为牵引，共批捕黑恶犯罪48件131人，起诉39件347人，有力维护社会稳定和人民安宁；坚持把准定性，做到不拔高、不降格，先后介入引导侦查81件次，依法改变定性26件，及时纠正漏诉23人、纠正漏罪23件，提出抗诉2件；聚焦"打财断血"，对黑恶案件涉案财产均明确意见，牵头制定《全市政法机关关于黑恶势力案件财产处置办法》；起诉"保护伞"5人，发现并移送腐败问题及"伞""网"线索103条；围绕十大重点行业领域，发出行业清源检察建议48件。再如，针对宣城广德"7.10"黑社会性质组织案。2018年7月10日，广德市公安局成立了代号为"7.10"的高规格专案组，侦查发现以王某为首的黑恶势力团伙自2017年以来，长期在多个乡（镇）开设赌场，组织他人聚众赌博，并有非法高利放贷、暴力讨债等违法犯罪行为。该团伙组织结构严密，层级清晰，通过垄断赌场坐庄人员赌资获取高额利息，敛财目的明确，有涉黑涉恶嫌疑。2020年3月17日，宣城市中级人民法院终审裁定维持一审判决。两名主犯分别被判处有期徒刑23年和有期徒刑18年，其余26名黑社会性质组织成员分别被判处14年4个月至2年不等有期徒刑。

——保障经济社会稳定发展。聚焦民企反映强烈的立案难、申诉难、执行难问题，组织实施服务民营企业"351"工程，倾心为民营企业纾困解忧。该项工作入选安徽省年度"十大法治事件"。

更新理念强保护，依法保护民企及其经营者合法权益，批捕影响民企发展犯罪185人，起诉953人。坚持依法能不捕的不捕、能不诉的不诉、能不判实刑的就提出适用缓刑建议，对民企涉罪人员不捕307人、不诉793人。

专项带动解顽疾，开展涉非公经济案件立案监督和羁押必要性审查，监督侦查机关立案20件、撤案44件，对56名被羁押犯罪嫌疑人、被告人解除或变更强制措施。开展涉民企虚假诉讼专项监督，抗诉"打假官司"案件46件，提出再审检察建议139件。

创新机制优化服务，开展"检察长集中办案月"活动，全省三级院"一把手"带头办案203件，开通全国首家服务民企热线电话"96309"，省检察院直接交办督办民企申诉案件98件。

2020年，安徽省检察院共对17件涉民企虚假诉讼案件进行挂牌督办，发布4件虚假诉讼典型案例，对"打假官司"案件提出抗诉163件，提出检察建议464件，同比增长135%。由安徽省检察院办理的郑某斌等9人虚假诉讼案，通过综合运用民事抗诉、检察建议等监督方式，最终错误裁判得以纠正，还依法追究了相关虚假诉讼行为人的民事违法责任，帮助受害民企挽回经济损失900多万元。对涉民营经济申请执行监督案件，安徽省检察机关及时审查和处理，共提出检察建议86件，已被采纳42件。对非国有公司、企业、事业单位人员涉罪案件不捕 206 人，不捕率为 26.6%，高于普通刑事犯罪案件总体不捕率 6.1 个百分点；不诉 576 人，不诉率为 20.2%，高于普通刑事犯罪案件总体不诉率 8.7 个百分点。

二、强化司法为民服务

人民检察为人民。2020 年安徽省各级检察机关牢记"司法为民"的宗旨和目标，用真情落实"件件有回复"制度，群众来信均在 7 日内回复，3 个月内办理结果答复率 90.4%。起诉制售有毒有害食品药品犯罪 243 人，提起公益诉讼 147 件。起诉涉扶贫领域犯罪 174 人，支持务工人员起诉讨薪 994 件，发放司法救助金 2013 万元。

——参与金融风险防范化解工作。如阜阳市检察院在向金融监管部门发出检察建议的同时，还向阜阳市委报送了《关于加强阜阳市地方性金融组织行业规范的报告》的专题报告。阜阳市委主要负责人高度重视，专门作出批示，要求有关方面研究制定预防和惩治地方性金融、类金融组织不规范制度，认真吸纳检察建议，并将落实情况向市委市政府报告、向市检察院反馈。接到检察建议后，阜阳市地方金融监管部门认真研究，采取有效措施，从全面开展清理排查、强化金融监管力度、开展行业专项整治、建立健全监管体系、加强金融安全宣传等方面，强化对地方性金融组织的管理，同时建立健全风险防控机制、严厉打击非法集资活动，着力防范重大金融风险，取得实效。在清理整顿投资类公司方面，阜阳市地方金融监管部门在开展的非持牌机构从事非法金融活动专项整治工作中，共排查 1116 家投资理财类机构。在此基础上，制定了《加强对投资类公司监督管理的指导意见》，明确监管职责，加强规范管理，建立长效机制，强化源头预防。

——扎实共筑防控法治防线。安徽省人民检察院积极应对疫情大考，共筑防控法治防线，保障人民群众财产安全。积极投入战"疫"，全面履行各项检察职能，努力答好战"疫"这张特殊考卷。2020年以来，安徽省检察机关把服务"六稳""六保"作为检察履职的突出使命，助力打好疫情防控攻坚战阻击战，共批捕涉疫情犯罪145人、起诉289人，摸排涉公共卫生等公益诉讼线索276条，立案147件，发出检察建议104件。闻令而动，强化法治保障。联合省高院、省公安厅出台《关于依法严厉打击新冠肺炎疫情防控期间刑事犯罪的通告》，规范履职，维护防控秩序。严惩扰乱防疫秩序、妨害公务等违法犯罪行为，起诉376人。宣城检察机关"3·14"办案组被中央政法委、国家卫健委等10部门联合授予"全国平安医院工作表现突出集体"荣誉称号。精准监督，保障复工复产。出台《关于在疫情防控和企业复工复产中充分发挥检察职能作用的指导意见》，起诉哄抬物价、囤积居奇等扰乱市场秩序、阻碍企业复工复产犯罪1925件4442人。依法审慎办理疫情期间合同纠纷、民间借贷纠纷等民事申诉案件3895件。

——强化未成年群体司法保护。安徽省人民检察院认真落实"一号检察建议"，保护未成年人健康成长。坚持把最高检"一号检察建议"作为未成年人保护"一号工程"来抓，让更多孩子免受不法侵害。一是突出依法保护。严惩性侵、拐卖、虐待未成年人等犯罪1039人，同比上升29.9%。审慎处理未成年人涉罪案件，对未成年人涉嫌犯罪的依法不批捕367人、不起诉503人。对主观恶性深、犯罪手段残忍、后果严重的未成年人犯罪，该严则严，起诉1015人。二是创新特色活动。以"关爱让侵害远离"为主题，扎实开展"六个一"活动，深入全省10所中小学开展"法润江淮·未爱而来"巡回宣讲，1600余名家长、学生零距离接受检察官普法教育。1349名检察官担任法治副校长，实现三级检察机关"一把手"担任法治副校长全覆盖。积极适用特殊制度和程序对未成年人犯罪原因、成长环境等开展社会调查1559人，同比上升59.2%。对涉罪未成年人开展帮教2883人，同比上升573.6%，社会专业力量介入案件949件，同比上升125.4%。

安徽省芜湖市人民检察院为贯彻落实最高检"一号检察建议"，教育引导未成年人明理向善、知法懂法、守法用法，促进校园平安建设。2019年10月，来自芜湖市各检察机关的18名女检察官组建"芜未花开"法治宣讲团。教育引导未成年人明理向善，知法懂法，守法用法。一年多来，宣讲团成员开展送法进校园活动100多场，听讲5万多人次。她们注重选择贫困偏远的地区、留守儿童、事实孤儿的学校进行宣讲，填补了学校法治教育的空白。她们注重提高未成年人的法治意识，自护意识，预防未成年人违法犯罪，保护未成年人的心理健康及人身安全。

三、重点做好公益诉讼

公益诉讼是检察机关的一项重要职能，也是全国各级人民检察院着力部署的重要工作。2020年安徽省各级检察机关深入贯彻落实检察改革精神，稳步推进检察公益诉讼，履行公益保护职责使命。认真落实省人大常委会《关于加强检察公益诉讼工作的决定》，补强工作短板，努力当好国家和社会公共利益的保护者。

——充分发挥公益保护作用。办理诉前程序案件4367件、同比上升16.7%。依法提起公益诉讼678件、同比上升62.2%。督促治理被污染水面8904亩，清理固体废物12060吨，向违法行为人主张生态环境修复费用1588万元。近年来，全省检察机关以习近平总书记关于推动长江大保护的系列重要指示精神为指引，立足公益诉讼检察职能，紧盯长江生态环境和自然资源保护领域公益损害问题，强化检察办案、深化联动协作、优化工作机制，有力推动了长江经济带一批突出生态环境和自然资源损害问题整改，为长江大保护提供了安徽检察方案。

——创新公益保护工作机制。凝聚保护合力，充分运用"河（湖、林）长+检察长"平台，发现问题线索1200余条。积极适用诉前磋商机制，行政机关对诉前检察建议的采纳率达97.3%。以安庆市人民检察院为例，2020年，安庆市检察机关坚持为大局服务、为人民司法的原则，共立案公益诉讼案件492件，连续两年走在全省前列。推进"林长+检察长"安庆制度创新，立案涉林公益诉讼案件57件，同比上升111%，发出诉前检察建议43件，同比上升258%。坚持落实长江大保护司法责任，建立"河（湖）长+检察长"新机制，起诉非法捕捞水产品案件116件，同比上升1350%。立案长江流域公益诉讼153件，提起公益诉讼47件，追索生态损害赔偿金574万元。

——积极稳妥拓展办案范围。聚焦社会治理和人民群众关切的脱贫攻坚、生物安全、公共卫生等领域，办理其他领域案件1323件，同比上升310%。紧盯水污染问题，聚焦影响群众生活的城市黑臭水体及饮用水水源地污染问题，2020年以来办理相关案件493件，向行政机关发出督促履行水污染治理职责检察建议432份，督促治理被污染的水源地179处，督促整治违法排污企业51家。紧盯固废污染顽疾，宿州市检察院办理一起跨省倾倒污染物案件，共清理转运印染污泥1900余吨、清理被污染土壤5800余吨、向违法行为人主张环境修复费用2600余万元。针对固废污染问题，全省检察机关共立案287件，发出检察建议222份，提起诉讼16件，督促清理固体废物1.2万吨。长江禁捕以来，2020年全省检察机关受理审查起诉非法捕捞水产品案件208件348人，摸排渔业资源保护公益诉讼线索432条，立案371件，向渔业等部门发出检察建议65份，向人民法院提起诉讼144起，检察公益诉讼成为"禁渔令"落地落实的重要保障。

四、强化监督服务功能

监督功能是检察院的一项重要职责，是确保司法公正的一项关键举措，也是防止冤假错案的重要防线。2020年，安徽省各级检察机关认真履行监督功能，全方位、宽领域、多层次推进监督功能落地、落实，加强司法全过程的监督检察，努力提升监督服务的实效。

——持续加强民事审判监督。民事检察是四大检察职能之一，是对民事诉讼活动和民事执行活动进行的法律监督，包括对民事生效判决、裁定、调解书的监督，对审判程序中审判人员违法行为的监督，对法院民事执行活动的监督以及对虚假诉讼的监督。2020年，安徽省检察机关民事检察部门坚持充分履职服务中心工作，保障民营经济健康发展，促进虚假诉讼综合治理，各项工作取得了积极成效。据统计，截至12月28日，全省检察机关共受理各类民事检察监督案件9437件，同比上升8.8%；提出抗诉和再审检察建议1674件，同比上升25.4%；就执行和审判违法行为提出检察建议2666件，同比上升6.4%。围绕中心工作履职尽责。安徽省民事检察部门努力为服务保障"六稳""六保"提供更好更优的民事检察产品。助力精准脱贫，积极开展支持起诉工作，将支持重点放在对社会弱势群体权益保护上，共提出支持起诉意见1393件（其中涉及农民工987件），1070件支持起诉意见被采纳。助力防范金融风险，妥善办理金融领域民事监督案件，注重通过类案监督堵塞金融监督漏洞。服务保障民营经济发展。安徽省民事检察部门加大对涉民营经济各类案件的法律监督力度，共受理涉民营企业民事申诉案件1000余件，其中就生效裁判共提出抗诉94件、提出再审检察建议169件，两项数据总和与去年同期相比上升137%；提出执行监督检察建议225件，同比上升379%；提出审判人员违法监督检察建议104件，去年同期为7件；共监督涉民营经济案件592件，同比上升259%。多措并举惩戒虚假诉讼。安徽省民事检察部门承担起查处虚假诉讼的主导责任，促使纠正了一批错误裁判，共提出抗诉285件，提出再审检察建议705件。对办案过程中发现的58件违法违纪线索移送相关机关审查处理。办案中，针对需要法院关注和解决的共性问题，省检察院向省高院提出检察建议（安徽"三号检察建议"），推动完善系统治理。全面履行民事检察职能。安徽省民事检察部门以精准监督为引领，推进各项监督职责依法全面履行，共提出抗诉574件，提出再审检察建议1048件，抗诉改变率和再审检察建议采纳率分别上升4个百分点和25个百分点。就审判程序、审判人员违法提出检察建议1037件，采纳901件，发出类案检察建议38件；就执行活动发出检察建议1643件，采纳1337件。

——深入推进刑事诉讼监督。2020年，安徽省各级检察机关加强监督、促公正质效双提升。监督侦查机关撤案1412件，对认为确有错误的刑事裁判提出抗诉571人，同比分别上升54.3%、24.9%。以合肥市人民检察院为例，2020年合肥市检察院全面加强刑事诉讼监督，贯彻"少补慎诉慎押"理念，依法不批捕1015人，不起诉1667人。在办案中监督，在监督中办案，监督立案、监督撤案同比增长5.33%、615.63%；强化刑事审判监督，提出抗诉76件，同比增长105%；强化刑罚执行监督，纠正减刑、假释、暂予监外执行不当176人次。

——稳步开展行政检察监督。司法实践中，部分行政案件诉讼程序终结后，当事人缺乏有效救济途径、合理诉求得不到重视和满足，这些案件反复纠缠于法院是否应当受理、立案的争执当中，几年甚至几十年都未进行实体审理，程序空转问题突出。为着力解决行政案件得不到实体审理、行政争议得不到实质化解等群众反映强烈的"程序空转"问题，最高检部署在全国检察机关开展"加强行政检察监督促进行政争议实质性化解"专项活动。安徽省检察院认真落实最高检部署，在全省范围内广泛开展行政检察监督。检察机关参与社会治理具有引领性，通过办案促进社会治理，助推国家治理体系和治理能力现代化。如发布的刘某青、谢某梅与安徽省某县自然资源和规划局、第三人任某土地行政确认检察监督案，检察机关站在市域社会治理现代化的高度，坚持自治、法治、德治相统一，统筹解决法律纠纷。通过监督行政机关依法行政和法院依法审判，促进依法治理；广泛吸收社会主体参与案件办理过程，促进系统治理；厘清并积极化解行政争议背后的民事法律关系和民事纠纷，促进源头治理；通过民事纠纷与行政争议一并解决，实现综合治理，为社会治理能力的提升贡献检察智慧。

五、提升刑事工作实效

认罪认罚从宽制度，是刑事诉讼法在总结我国司法实践、借鉴国外司法经验基础上确认的一项重要司法制度，目的在于通过对认罪认罚的犯罪嫌疑人、被告人依法给予程序上从简或实体上从宽的处理，从而达至有效惩治犯罪、强化人权保障、提升诉讼效率等多重司法目标。2020年，安徽省各级检察机关把落实认罪认罚从宽制度作为化解社会矛盾、推动社会治理的重要抓手，扎实履行指控证明犯罪的主导责任。

——压实责任扩大适用规模。认真落实认罪认罚从宽制度，降低司法成本，提高治理效能。坚持该用尽用、规范适用，对自愿如实供述罪行、承认指控犯罪事实且愿意接受处罚的犯罪嫌疑人依法从宽处理，全年适用57033人，适用率达86.5%，同比上升54个百分点。2020年安徽省各级人民检察院在办理涉疫刑事案件过程中，坚持打击犯罪与化解矛盾并行，积极适用认罪认罚从宽制度。截至2020年底，在已起诉的46件49人中，有45名犯罪嫌疑人自愿认罪认罚，适用率达91.84%；一审法院已判决29件30人，其中采纳检察机关量刑建议28人，采纳率93.33%。

——多措并举提升办案质效。借助专家"外脑"，发挥智能辅助作用，量刑建议提出率由41.2%上升到61.3%，法院采纳率同比上升13.1个百分点，一审上诉率由7.18%降至4.12%。芜湖县人民检察院秉持"理论为基、实践先行"理念，充分发挥危险驾驶案件集中快速办理等先行制度的经验优势，广泛开展认罪认罚领域的理论研究，形成了覆盖全面、层次多样的认罪认罚从宽制度体系。该院在不降低证明标准的基础上，对于适用速裁程序审理的认罪认罚案件，简化讯问笔录和审查报告，简化庭审预案和公诉意见，对于取保候审剩余期限三个月以上的案件不重新办理取保候审措施，要求侦查机关将可适用速裁程序审理的危险驾驶案件集中移送，并进行集中讯问、集中签署、集中送案、集中开庭，提高办案效率。

——机制保障促进规范适用。建立备案审查、律师援助、数据核查等制度机制，为依法适用认罪认罚划出"红线"。安徽省各级人民检察院深入推动认罪认罚从宽适用规范化，率先在全国检察机关开展"防懈怠、防违规、防造假、防围猎"等"四防"教育，教育引导广大检察干警既严格依法办事，又严守廉洁底线，确保案件得到公平公正处理，坚决不让好的制度蒙尘变质。

六、加强自身能力建设

安徽省各级检察机关在切实履行各项检察职责的过程中，不断加强自身能力建设，努力打造一支思想坚定、执法为民、敢于担当、清正廉洁的检察队伍，进一步提升检察业务水平。

——狠抓政治建设。检察机关作为国家的法律监督机关，尤其要把思想政治工作摆在各项工作的首要位置，不断提高政治站位，满足新时代检察政治工作的需要，引领检察队伍走向新的胜利。深入学习践行习近平新时代中国特色社会主义思想，巩固"不忘初心、牢记使命"主题教育成果，深化"三个以案"警示教育，进一步增强"四个意识"、坚定"四个自信"、做到"两个维护"。全省检察机关和广大检察干警以高度的政治责任感和历史使命感，充分认识、深刻把握习近平总书记在庆祝中国共产党成立100周年大会上重要讲话的重大意义、科学内涵、精神实质、实践要求，切实增强学深悟透的政治自觉、在伟大征程实践中担负使命的法治自觉、学习好宣传好贯彻好的检察自觉。坚持把队伍教育整顿与党史学习教育结合起来，与"执行落实年"和"基层建设年"部署要求结合起来，与巡察整改结合起来，把教育整顿、巡察整改成果转化为"补短板、强弱项"的工作动力。以更加昂扬的斗志、饱满的工作热情做好各项检察工作，为打造"三地一区"、建设新阶段现代化美好安徽贡献检察力量。

——强化系统监管。制定上级院党组对下级院党组政治监督工作办法，把管检治检压力层层传导至"神经末梢"。召开检察队伍突出问题研判会，开展以"三个自觉"整治检察队伍突出问题活动，为政法队伍教育整顿奠定基础，确保政法队伍教育整顿各项工作方向不偏、力度不减。把第一批政法队伍教育整顿成功经验一以贯之地坚持好、发展好，结合检察实际，重点做到"六个坚持"，即坚持党的领导、坚持有效衔接、坚持问题导向、坚持宽严相济、坚持以上率下、坚持开门整顿。敢于动真碰硬，坚持问题导向、激发自查自纠内力，坚持广辟线索渠道、发挥组织查处威力，坚持靶向施治、提升顽疾整治效力，推深做实查纠整改工作。突出建章立制，进一步健全党领导检察制度执行体系、基层基础工作体系、履职保障体系，完善正风肃纪长效机制、执法司法制约监督机制、干警能力素质提升机制和干部交流轮岗机制，把建章立制贯穿始终，切实巩固拓展教育整顿成果。

——坚持从严查处。出台《安徽省检察官惩戒工作办法（试行）》，22名检察官依规退出员额，为检察权规范运行戴上"紧箍咒"。自觉接受纪委监委及派驻纪检监察组监督，减存量、遏增量，以壮士断腕的决心坚决清除"害群之马"。自觉增强主动接受监督的政治意识，认真落实党组与驻院纪检监察组会商制度，完善重点线索联合调查、重要工作及时沟通、重大案件联合查办等机制，形成党组与驻院纪检监察组贯通联动、同频共振、同向发力的工作格局，一体推进全面从严治检制度落实落细。

司法行政工作

2020年是"十三五"规划收官之年，全省司法行政系统在以习近平同志为核心的党中央坚强领导下，在习近平总书记考察安徽重要讲话指示精神的科学指引下，有效应对新冠肺炎疫情的复杂形势，坚持生命至上，加强改革创新，发挥自身优势，把握战略机遇，推动全省司法行政系统在高质量发展赛道上攻坚克难、实现赶超。

一、深化矫治体系建设

全省司法行政系统以安全稳定为首要目标，坚持政治引领，坚持问题导向，坚持专项斗争，坚持底线安全，深入推进矫治体系建设，司法行政治理水平大幅度提高，人民满意度不断提升。

——监狱工作扎实推进。安徽省监狱管理局按照2020年度政务公开考评内容和"六提六促"工作要求，围绕"用权公开、政策发布解读、重点领域信息公开、制度执行、平台建设和保障措施"等内容，进一步务实工作举措，加强政务信息发布管理，不断夯实省局政务公开工作基础。一是完善权力配置信息。省监狱管理局对照相关法律法规，全面梳理和完善其依法承担的四项公共服务清单，并按规定要求做好公开工作。同时，按照"三定"方案，依法公开全省监狱工作职能、机构设置、办公地址、办公时间、联系电话、负责人信息等，完成机构职能目录公开工作。二是抓好新冠肺炎疫情防控信息发布。严格按照司法部、省委省政府关于新冠疫情防控的部署要求，做好全省监狱系统新冠肺炎疫情防控工作。建立安徽监狱系统防控新冠肺炎疫情专栏，及时准确公开疫情信息及监狱系统最新部署要求，做好防控知识宣传，同时通过发布公告、新媒体等方式持续发布疫情防控信息。积极拓宽亲情帮教措施，通过开通远程视频会见和本地视频会见系统、增加亲情电话拨打次数等方式，确保亲情帮教不断档。全省监狱共发布疫情防控信息30余条。三是提升政策解读质量。在监狱政策、疫情防控等方面精选并集中公开8条政策，并采取专家解读、部门负责人解读、媒体解读等方式，借助政务新媒体、门户网站等平台发布解读材料11条，媒体文章117条。四是积极回应社会关切。不断强化舆情应对处置意识，坚持正确舆论导向，建立健全研判机制，主动发声、及时回应疫情期间监狱封闭管理、罪犯日常改造、物资保障等内容，让社会公众及时了解监狱相关工作情况，主动回应25次，收到留言并公开答复214条。

——戒毒工作从严向善。2019年10月，国家禁毒办通报全国城市生活污水监测毒品滥用情况，安徽省毒品折算消费总量不到全国平均数的1/4，处于全国较低水平。一是坚持高位推动，禁毒工作实现新进展。省委、省政府及省公安厅党委高度重视禁毒工作，全省上下基本形成了党委领导、政府负责、部门协同、社会共治、公众参与的禁毒工作格局。二是坚持重拳出击，禁毒严打取得新战果。2020年以来全省共破获毒品犯罪案件1767起（其中，公安部毒品目标案件16起、省公安厅毒品目标案件32起），抓获毒品犯罪嫌疑人2835名，缴获各类毒品331.83千克。持续深化"拔钉追逃"专项工作，成功将潜逃缅甸6年之久的国际刑警红色通缉令逃犯曹中卫等4名涉毒逃犯从境外抓捕归案。三是坚持标本兼治，毒品治理探索新经验。省市县三级整体联动，持续推进阜阳市临泉毒品问题整治攻坚，临泉毒情形势明显改观，于2020年10月被国家禁毒委取消重点整治。省禁毒委确定的其他毒品问题重点县（区）突出毒品问题也得到有效治理。集中开展亳州涉麻黄草突出问题专项整治，中药材市场麻黄草经营管理规范有序。强力推动禁毒脱贫攻坚，全省1266名涉毒贫困人口全部实现脱贫脱毒。四是坚持多措并举，禁毒管控取得新成效。持续推进吸毒人员"三清一收"工作，全省查处吸毒人员7825人次。扎实开展"平安关爱"行动，全省戒断三年未复吸人员达70601人，没有发生吸毒人员肇事肇祸案事件。坚持管理与服务并重，强化源头管控，继续保持了全省易制毒化学品"零流失、零制毒"。五是坚持预防为先，禁毒宣传迈上新台阶。全面落实青少年毒品预防教育措施。联合省教育厅、团省委、省学联举办全省大学生禁毒知识竞答暨百校百万大学生禁毒公益网络签名活动。深入推进禁毒宣传教育"六进"活动，借助新媒体实现社区禁毒宣传全覆盖。六是坚持教育管理，禁毒队伍呈现新气象。池州市公安局贵池分局禁毒大队大队长吴跃勤同志恪尽职守、忘我工作，牺牲在工作岗位上，被追授为"全国公安系统二级英雄模范"。霍邱县禁毒办副主任王帅被全国妇联授予全国三八红旗手"荣誉称号。注重禁毒志愿者队伍建设，禁毒志愿者李彦获评"安徽省2020年度十大法治人物"。

——社区矫正有章可循。2020年，面对疫情防控的严峻考验，全省社区矫正系统紧紧围绕《社区矫正法》的贯彻实施，统筹抓好疫情防控和业务发展，实现了全省社区矫正工作新的发展。15个市、101个县（市、区）、1408个乡镇（街道）依法设立了社区矫正委员会，15个市、76个县（市、区）依法设置了社区矫正机构，社区矫正体制机制基本建立；全年没有发生危害国家政治安全和社会稳定的案件，重新犯罪率较去年下降0.05%，保持了持续安全稳定态势；社区矫正对象分类管理、村（居）民委员会协助社区矫正工作、长三角一体化建设等全省性试点工作稳步推进，并取得了初步成效。2020年10月15日，安徽省高级人民法院、安徽省人民检察院、安徽省公安厅、安徽省司法厅联合印发《安徽省社区矫正工作实施细则》（以下简称《实施细则》）。省司法厅结合全省社区矫正工作实际，全面贯彻落实上位法，将上位法及规定的精神领会到位，以贯彻落实《社区矫正法》及《实施办法》为落脚点，在不新设或增加社区矫正对象义务的前提下，对相关规定和要求进行细化明确。坚持问题导向，注重解决实践中的突出问题。细化主要工作环节的操作流程，明确了不同主体工作职责界限，特别是与法院、公安机关工作衔接的职责界限。做好与上位法的对接，对于《社区矫正法》及《社区矫正法实施办法》已经作出的规定，尽量不作重复表述。注意留有余地，特别是在社区矫正对象分类管理、分类教育、个别化矫正等方面为基层探索和创新留下空间。

　　——深化扫黑除恶专项斗争。2020年是扫黑除恶专项斗争的"决战决胜"之年，全省各级扫黑除恶专项斗争领导小组及其办公室做到各项重点工作不停滞、不拖延、不等靠，以更大的决心、更强的力度、更实的作风推进扫黑除恶专项斗争，确保扫黑除恶工作做实、做细。专项斗争助推群众安全感提升。截至2020年12月底，在扫黑除恶专项斗争中，全省共打掉涉黑涉恶团伙1771个，其中涉黑组织199个、涉恶犯罪集团564个、涉恶犯罪团伙1008个，查扣冻涉案资产130.49亿元。专项斗争助推群众安全感提升，在全省层面同样十分明显。数据统计显示，全省刑事案件发案数、八类严重暴力案件发案数均持续下降，分别由2017年1至12月的191354件和4535件，下降至2020年同期的177519件和3609件，降幅分别为7.23%和20.42%。2020年，全省群众安全感达98.95%，连续9年上升。专项斗争助推党风政风优化。全省共查处涉黑涉恶腐败和"保护伞"问题案件4744件5409人，其中立案查处3389件3501人，其中厅级领导干部7人、县处级领导干部269人，已给予党纪政务处分3172人，移送检察机关528人。强化基层组织建设是铲除黑恶势力滋生土壤的治本之策、关键之举。在专项斗争中，全省共整顿软弱涣散基层党组织605个，通过持续开展换届"回头看"，摸排村"两委"候选人11.8万余名，清理受过刑事处罚、存在涉黑涉恶等问题的村干部604名，基层组织建设进一步夯实。专项斗争助推发展环境改善。专项斗争促问题与乱象整治，在行业部门的成效同样十分明显。专项斗争开展以来，全省市场监督部门针对传销、虚假宣传、不正当经营等突出问题开展集中整治，共开展各类专项整治 1806 次，查办各类案件 10.08 万件，罚没金额 5.66 亿元，移送司法机关 399 件，制定完善长效机制文件 368 个。专项斗争开展以来，全省交通运输部门共移交涉黑涉恶涉乱线索 433 条，铲除涉及交通运输行业领域黑恶势力团伙 17 个，扫除行业乱象 6.5 万多个，移送公安机关处理 85 人，通过集中整治，行业面貌焕然一新，发展环境得以净化升华。

二、推进法律服务建设

公共法律服务是政府公共职能的重要组成部分，推进公共法律服务体系建设既是贯彻落实中央部署的迫切需要，也是回应人民群众需求和对标先进地区加快补齐短板的现实需要。2020 年安徽省由司法行政机关主导、社会各部门参与，以公共法律服务实体、热线、网络三大平台为载体，覆盖城乡的公共法律服务体系已经初步形成，为推进全面依法治省、维护社会公平正义、促进经济社会发展、保障人民安居乐业作出了积极贡献。全省公共法律服务从"有没有"迈入"好不好"发展的新阶段，逐步落实公益性、基础性、普惠性、均等性要求，确立公共法律服务工作的新标杆，大力推进新时代安徽公共法律服务体系建设。

——扩面提标更深入。为使公共法律服务更加深入便民，全省各地不断扩大服务覆盖面，着力提升服务质量，创新之举频出。8 月 26 日，蒙城县 "24 小时公共法律服务自助超市"正式开张。这个"超市"虽只有 15 平方米，但里面的"产品"可不少，"公共法律服务智能自助机"具有机器人法律问答、赔偿计算、法务地图等11项功能，不仅全部免费，且24小时不打烊。宿州市按照"窗口化、集约化、一站式"服务模式，整合公共法律服务资源，集中受理和解决群众及企事业单位民商事仲裁服务事项，实现仲裁业务量质齐升。2020年6月，宿州仲裁委受理埇桥区时村镇110名贫困户与某养殖场的合同纠纷一案。为减轻贫困户维权的经济压力，宿州仲裁委免收仲裁费。最终促成双方达成调解协议，养殖场把110户贫困户投入的本金21万元全部返还到位，贫困户主动撤回仲裁申请。

安徽省着力加强公共法律服务平台建设，截至2020年底，全省建成省市县三级公共法律服务中心124个、乡镇（街道）公共法律服务工作站1512个、村（社区）公共法律服务工作室1.39万个，实现省市县乡镇（街道）村（居）五级公共法律服务实体平台全覆盖。2020年1—8月，全省公共法律服务实体平台为群众提供法律咨询解答9.9万人次，12348法律服务热线接听法律咨询电话达33.4万通。

围绕打赢"三大攻坚战"、五大发展行动计划、乡村振兴战略等国家重大发展战略和重大决策部署，各地法律服务机构努力提供优质高效法律服务。在律师助力脱贫攻坚专项行动中，全省律师共担任贫困县、乡（镇）党委政府和贫困村法律顾问3926家，组建律师助力脱贫攻坚服务团109个；在"送法进万企"活动中，先后组建368个"企业专项法律服务团"，为企业实施"一对一"法律服务；为各地农村培育"法律明白人"16万余人，"法治带头人"2万余人。

——网上办理更便捷。新冠肺炎疫情发生后，安庆市法律援助机构及时启动"法律援助惠民直通车"，有需求的群众可通过"12348安徽法网"等方式进行咨询申请。对涉及讨薪、追索劳动报酬的农民工及因企业纠纷无法提供经济困难证明的农民工（企业员工）、抗疫一线医务人员及其家属申请法律援助的，免予经济困难条件审查；对因疫情不能及时到岗复工引发纠纷的农民工、抗（防）疫一线医务人员及其家属的法律援助申请，特事特办，快速受理；受援人可自主选择律师进行"点援制"。安徽省将"12348安徽法网"建设应用作为推进公共法律服务系统建设的重要抓手，加快整合法律服务资源，加快建设覆盖全业务领域的法律服务网络，不断提升群众的网上办事效率和体验感。"12348安徽法网"应用覆盖率大幅提升，注册用户11.2万人，累计访问95.3万人次。网上法律服务"店铺"产品日益丰富。全省司法行政各法律服务机构利用"12348安徽法网"开设法律服务店铺，发布法律服务产品，让广大群众体验淘宝式法律服务。累计建立律师、公证、司法鉴定、基层法律服务、法律援助、人民调解六类法律服务店铺3449家，开通率达94%，发布法律服务产品19491件。丰富便捷的网络法律服务带来了网上咨询量大幅增加和网上办件量快速增长。2020年以来，"12348安徽法网"法律咨询总量达12139条，较去年同期增长33.3%。群众借助安徽法网、法网App、微信公众号、皖事通等，通过自助申请、预约申请或交互申请的法律服务事项不断增加，今年以来"请律师""办公证""求法援"等业务累计达20202件，较2019年同期分别增长65%、2105%、325%。经抽样测评，群众满意度为99.2%。

——高效普惠更贴心。公共法律服务建设只有进行时，没有完成时。安徽省将坚持目标导向与问题导向相结合，把握重点难点，聚力对标补短，努力为群众提供多样化、个性化、多层次、高品质的公共法律服务。把低收入群体、残疾人、农民工、老年人及未成年人和军人军属等作为公共法律服务的重点保障对象，在偏远地区探索建立流动公共法律服务工作点，通过合并执业区域、设立分支机构、托管代管、培育规模法律服务机构等措施，支持偏远地区法律服务机构发展。统筹城乡公共法律服务设施布局、服务提供、资金保障，有步骤、分阶段推动公共法律服务建设规划、管理政策、项目投入向乡村倾斜，推动城乡公共法律服务同城化、一体化管理。

在公共法律服务体系建设中不断深化科技应用，坚持传统供给模式与现代技术手段相结合，进一步深化互联网、大数据、人工智能等现代科技在公共法律服务领域的应用，推动公共法律服务由粗放型向精细化转变。围绕群众特定公共法律服务需求，智能、精准地匹配公共法律服务供给与需求，提供"主题式""套餐式"法律服务，更好满足各类主体差异化、个性化、多样化的公共法律服务需求。不断加大移动客户端开发力度，拓展移动端服务形式，实现法律咨询、事务办理"掌上办""指尖办"，向移动服务、随身服务、个性服务方向发展。

三、推进法治宣传体系建设

大力推进法治宣传教育，逐步建立健全法治宣传体系，是建设法治国家、法治政府、法治社会的重要举措。安徽省司法行政系统深入学习习近平法治思想，牢牢坚持系统观念、法治思维、强基导向，一体推进法治安徽、法治政府、法治社会建设，为打造"三地一区"、建设新阶段现代化美好安徽保驾护航。

——聚焦干部"关键少数"。2020年以来，安徽各地聚焦"关键少数"，扎实推进国家机关工作人员学法用法。出台全省领导干部宪法法律年度测试办法，并把宪法法律作为"安徽干部教育在线"的学习内容。各地各部门积极落实党委（党组）中心组学法、领导干部集中学法等制度，并通过举办法治讲座、旁听职务犯罪案件庭审、开展年度宪法法律知识测试等形式，不断丰富领导干部学法用法方式方法，推动领导干部学法用法落地见效。从领导干部这个"关键少数"入手，借"领导干部"这个"点"来带动"全社会"这个面。如蒙城县探索建立领导干部法治素养、法治能力评价体系，细分了学法、考法、用法、述法、主管（分管）部门工作行政复议数及被变更数、主管（分管）部门工作行政诉讼案件数及诉讼败诉数、信访情况、法律顾问参与重大决策情况等十个方面指标。全县各乡镇、各单位1819名领导干部建立了评价档案。

——创新普法体制机制。2020年是"七五"普法收官之年，安徽省司法行政系统坚持以习近平新时代中国特色社会主义思想为指导，切实做好"七五"普法总结验收，深入推进"谁执法谁普法"普法责任制落实，推进社会主义法治文化建设和法治乡村建设，为全面融入长三角一体化发展国家战略、不断谱写社会主义现代化建设安徽新篇章提供更加坚实有力的法治保障。2020年1至4月，合肥市围绕打赢新冠肺炎疫情防控阻击战，结合普法依法治理重要节点，全力做好治宣传教育工作。一是做好疫情防控法治宣传工作。先后印发5份文件，推动各地各单位做好相关法治宣传工作。编印《新型冠状病毒肺炎疫情防控相关法律知识摘编》《合肥市律师行业新型冠状病毒肺炎疫情防控法律意见指引汇编》600本，免费发放并制作成电子书。编印《合肥法治宣传教育通讯》（疫情防控专刊）500本，免费发放到各县（市、区）及市直单位。二是做好国家安全教育普法宣传。在4·15"全民国家安全教育日"前后，通过线上线下相结合，开展形式各样的国家安全宣传活动。利用电子屏、户外宣传栏等宣传阵地，悬挂、张贴有关国家安全教育的标语；推出《国家安全教育日全民参与守平安》《平安复学路交警来守护》等电视节目；在市政务中心举行"4·15全面国家安全教育日"宣传展览活动；在天鹅湖开展"国家安全教育日"主题灯光秀，进一步营造浓厚的法治宣传氛围。三是深化开展精准式普法、文艺式普法、便民式普法。在全省首创"三责任两备案"普法工作制度，有效推动各级行政执法机关普及法律的积极性和主动性。先后举办法治漫画、法治动画微视频征集活动和首届法治动漫成果展。设立新市民普法学校11所、普法之家20所、工地学校1000余所，编写《新市民学法用法读本》

（一）（二），免费发放给新市民群体。开展"律师进社区"活动，把法律服务送到百姓身边、送进百姓心里。

——加强法治文化建设。2020年安徽省在法治文化建设方面取得重大进展，在全国率先出台加强全省法治文化建设的4部规范性文件，大力实施法治文化"千百十工程"和法治文化"四入行动"，建立"安徽省优秀法治文化作品资料库"，利用"报、网、端、微、屏"，组织开展各类专题宣传活动，形成线上线下相互补充，全方位、多层次的普法大格局。"七五"普法期间，全省共建成法治宣传教育基地829个、法治公园（广场、长廊）2395个，成立群众性法治文化团体852个，每年组织开展法治文化活动5000余次。各地利用合肥"折子戏"、安庆"黄梅戏"、池州罗城民歌和"青阳腔"等艺术形式创作了一大批法治宣传作品，受到人民群众喜爱，形成了淮南"豆娃说法"、淮北"茶馆普法"等地方特色普法品牌。推动中华优秀传统法律文化创造性转化、创新性发展，打造"徽风皖韵"法治文化品牌，继续深入贯彻实施《安徽省多元化解纠纷促进条例》，提请省人大常委会修订《安徽省法治宣传教育条例》，大力弘扬社会主义法治精神，持续提升公民法治素养，推进普法与依法治理有机融合，着力提高普法工作的针对性和实效性。

四、推进现代化队伍体系建设

——加强思想政治工作。理论决定深度，思想决定高度。安徽省司法行政系统一直高度重视思想政治工作，特别是深入学习习近平法治思想，不断提升思想政治理论水平。习近平法治思想是顺应实现中华民族伟大复兴时代要求应运而生的重大理论创新成果，是马克思主义法治理论中国化最新成果，是习近平新时代中国特色社会主义思想的重要组成部分，是全面依法治国的根本遵循和行动指南。全系统把深入学习领会习近平法治思想和会议精神作为当前重要政治任务，迅速掀起学习宣传热潮，开展全战线、全覆盖培训轮训和宣传宣讲，切实把习近平总书记的重要讲话精神传达到每个基层党组织、每名司法行政干警，确保习近平法治思想在司法行政系统深入人心、落地落实。突出抓好领导干部关键少数，不断提高领导干部运用法治思维和法治方式深化改革、推动发展、化解矛盾、维护稳定、应对风险的能力，扎实开展司法行政队伍教育整顿，推进革命化、正规化、专业化、职业化。

——狠抓党风廉政建设。党风廉政建设和反腐败斗争是落实党中央、安徽省委关于全面从严治党要求的重要举措，也是建设现代化司法行政队伍的关键一环。安徽省司法行政系统高度重视司法行政队伍的清廉性建设，2020年3月31日，全省司法行政系统党风廉政建设和反腐败工作会议在肥召开。全系统各级党组织和纪检监察机构深入贯彻新时代党的建设总要求，以党的政治建设为统领，深入推进全面从严治党，反腐倡廉工作呈现整体推进、特色鲜明、成效良好、深入发展的良好态势。下一步将聚焦管党治党重点，一是要强化政治监督，坚定不移践行"两个维护"；二是要坚持正风肃纪，全力打赢作风建设持久战；三是要保持反腐高压，巩固发展反腐败斗争成果；四是要完善监督体系，一体推进反腐倡廉机制建设。

——全面落实专业培训。打铁必须自身硬，良好的专业素养是推动工作的关键所在，安徽省司法行政系统向来注重强化专业培训，制定《安徽省司法行政系统2020年干部教育培训计划》，全省各单位分级分类开展相关司法行政业务培训，着力提高专业技能水平。此外，为提升司法行政实务工作能力，突出实用、实战、实效，省司法厅编制了《安徽司法行政业务培训课程体系开发方案》，就司法行政业务培训课程开发工作进行系统部署，以《安徽司法行政业务培训大纲》为依据，根据机构重组后司法业务培训实际需求，统筹规划，突出重点，分类实施，分步推进，利用2020年、2021年两年时间完成司法行政核心业务培训教案、课件、师资等相关配套、有机衔接的课程体系开发工作，切实提高司法行政专业化能力培训的精准性、实效性。2020年开发依法治国、法治政府建设、行政立法、合法性审查、行政复议与应诉、法治督察、行政执法监督、监狱管理、强制隔离戒毒、人民调解等10类课程及目录共有23个，2021年拟开发课程及目录共有22个。全省司法行政系统通过系统的专业培训，专业技能得到显著增强，业务水平得到大幅提升，专业化队伍建设取得重大进展。

知识产权的保护工作

2020年安徽省推进知识产权保护工作，以习近平新时代中国特色社会主义思想为指导，全面贯彻党的十九大和十九届二中、三中、四中全会精神，深入贯彻习近平总书记关于知识产权工作的重要论述，按照党中央、国务院决策部署，坚持稳中求进工作总基调，践行新发展理念，着力推动高质量发展，加强顶层设计，完善法律制度，深化改革创新，强化知识产权创造、保护、运用，提升公共服务水平，更大力度加强知识产权保护国际合作，提高知识产权治理能力和水平，奋力开启新时代知识产权强国建设新征程。

一、商标权保护工作

"十四五"时期是我国"两个一百年"奋斗目标的历史交汇期，也是开启全面建设社会主义现代化国家新征程的重要机遇期，做好"十四五"时期的商标工作具有重要意义。要贯彻知识产权事业新发展理念，协调好"五大关系"，以促进商标保护工作高质量发展为主题，坚持稳中求进工作总基调，认真落实"十四五"时期国家知识产权保护和运用规划、专利和商标审查，着力构建"创造是源头、保护是核心、运用是目的、管理是关键、服务是支撑"的商标事业发展新格局，助力知识产权治理体系和治理能力现代化，进而服务经济社会高质量发展。

——从根本解决商标注册难、注册慢的问题。2020年，全省新增商标业务受理窗口3个，商标业务窗口总数达到14个；合肥代办处实现专利商标业务"一站式"办理，全年窗口办件量24.8万件，专利电子申请达99.48%，位居全国第二；全年共为各类创新主体提供专利检索服务26519次，专利分析1283次。2020年年底，全省共有专利代理机构189家，商标代理机构1341家，拥有执业专利代理师406人。

——稳步推进打假工作，坚决打击商标侵权行为。与工商行政管理、公安、商务、质监、海关、知识产权、文化、新闻出版等部门密切配合，以驰名商标、安徽省著名商标为重点，积极开展联手打假保名牌活动，严厉打击侵犯商标专用权违法行为。对涉嫌犯罪的，要及时移交司法机关依法处理。加强对定牌加工企业和商标印刷企业的监管，规范商标使用及商标印制行为，从源头上遏制商标侵权假冒行为的发生。加大地方立法工作力度，积极推动制定《安徽省著名商标认定和保护条例》，强化商标的法律保护。

——深入实施商标品牌战略。2020年，我国商标注册576.1万件，收到国内申请人马德里商标国际注册申请7553件，完成商标异议案件审查14.9万件，同比增长64.7%；完成各类商标评审案件审理35.8万件，同比增长7.8%。截至2020年8月，安徽省共认定7批130个专业商标品牌基地，完成了《安徽省"十三五"实施商标品牌战略规划（2016—2020年）》中"省级专业商标品牌基地达120个"的预期指标，对推进知识产权强省建设，实施商标品牌战略，促进品牌与产业集聚，助推实体经济和民营经济发展发挥了积极作用。安徽省实施商标品牌战略工作领导小组新认定安徽省生物医药（合肥高新区）等14个专业商标品牌基地为安徽省专业商标品牌基地。该批基地共有规模以上企业375个，有效注册商标2075个，驰名商标企业8个，涵盖了装备制造、现代农业、食品药品等多个行业。其中，有7个属于农产品生产加工基地，相关产品在省内规模较大、特色明显、产业带动力强。

二、专利权保护工作

2020年，根据党中央、国务院和省委省政府对知识产权工作的新部署新要求，全面提升知识产权保护效能、创造质量、运用效益、管理水平、服务能力，安徽省知识产权强省建设在新的历史起点上创新发展，为全省经济社会高质量发展提供有效支撑。

——发明专利数量大幅提升。2020年，安徽专利授权量达到11.97万件，其中发明专利授权量2.14万件，居全国第7位；PCT专利申请616件，同比增长45.3%；商标注册量17.45万件；作品登记8.48万件；农业植物新品种权授权112件。截至2020年底，安徽有效发明专利9.82万件，每万人口发明专利拥有量15.4件，居全国第7位；有效注册商标76.87万件，每万户市场主体商标拥有量1494件；马德里国际商标注册量1120件；地理标志商标187件；拥有130个省级专业商标品牌基地、989家商标品牌示范企业；六安瓜片、霍山石斛等5件地理标志产品跻身2020年中国区域品牌（地理标志产品）价值评价百强榜；3个地理标志产品入选第一批中欧"100+100"地理标志互认名录；10个产品入选第二批中欧"175+175"地理标志互认候选名录。

——搭建知识产权保护系统。中国（合肥）知识产权保护中心获批建设，海外知识产权纠纷应对指导安徽分中心获批成立，知识产权侵权纠纷检验鉴定技术支撑体系建设试点、知识产权领域以信用为基础的分级分类监管试点在安徽全面展开。2020年，全省市场监管系统共查处知识产权案件4213件，涉案价值达3122.67万元，罚没款2763.19万元；全省版权系统开展执法检查40719次，出动执法人员11.3万人次，立案查处侵权盗版案件84起；合肥海关查获涉嫌侵犯知识产权商品3288批，查扣涉案商品4467件，价值20.09万元；全省法院共受理知识产权民事一审案件7503件，二审案件701件，受理知识产权刑事一审案件178件，二审案件39件；全省检察机关共批捕侵权假冒犯罪229人，起诉292件639人；省公安厅共立案侵犯知识产权犯罪案件148起，缴获侵权假冒商品230万件，涉案价值8900万元。

——知识产权保护工作成果显著。2020年，全省办理知识产权质押贷款1199笔，融资额101.32亿元，居全国第五位；合肥市获批知识产权运营服务体系建设重点城市；中国科学技术大学获批国家知识产权示范高校；地理标志产品中涉及扶贫项目47个，助力52.5万贫困人口年人均增收2559元；发布量子和类脑机器人专利导航两项知识产权成果。在第二十一届中国专利奖评选中安徽省共有28项专利获奖，获奖数量创历史新高。

——知识产权开拓发展，培养人才体系。2020年，组建了覆盖各专业技术领域共296人的专家库；培养专利工程师810名；全省企业、高校、科研院所知识产权专员达8877人；全年专利代理师资格考试报名人数2280人、达线人数258人，同比增长37.2%，双双创历史新高；举办地理标志与区域品牌发展论坛和"知识产权服务万里行"安徽站等活动；与沪苏浙签署《人民法院和知识产权局关于推进长三角一体化科技创新知识产权保护备忘录》《推进知识产权领域信用一体化建设框架协议》《地理标志保护和运用合作协议书》，区域知识产权行政与司法保护合作机制进一步完善。

三、版权保护工作

——版权登记数量逐步稳进递增。2020年安徽省作品登记量达84758件，比上一年增长超过100%，超过全省历年登记量总和，并且连续两年实现年度作品版权登记数量翻番的目标。共梳理并预约可登记安徽省优秀民间工艺作品5000多件，其中铜陵聚福缘铜艺有限公司预约可登记铜工艺品200多件，阜阳程氏剪纸世家预约可登记剪纸作品约2600件，宣城宣砚文化有限公司和中国宣纸股份有限公司预约登记砚台、宣纸等作品各约100件。这些作品均是安徽省优秀的民间工艺作品，具备很高的艺术欣赏价值和开发利用潜力。

——大力支持版权宣传力度。2020年，省版权局克服疫情影响，立足服务企业、学校、协会、个人等著作权人，主动联系安徽新媒体集团、安徽大学、安徽画报社、省摄影家协会、奥体小学及部分摄影家、书画家等，提供免费上门登记服务，为安徽新媒体集团登记作品3000多件，安徽画报社登记作品8000多件，安徽大学、省摄影家协会和奥体小学等各登记作品数百件，摄影家周啸勤登记作品1000多件、非遗传承人刘宁侯登记剪纸作品100多件。强化登记工作培训，滁州等地开展了作品登记工作培训，帮助各地提升开展作品登记工作的能力。创新工作方式方法，专业人员在版权密集的黄山书会和长三角文博会设立版权工作站开展作品登记，向参展企业和参观群众宣传作品登记工作的意义，两次展会共登记作品数百件、预约可登记作品35000多件，在书展上设立版权工作站属全国首创。

——版权严格执法成效显著。省版权局通过严格版权执法监管，加大侵权盗版案件查处力度，为登记作品的著作权人撑起法律"保护伞"。2020年全省共开展执法检查40719次，出动执法人员113209人次，立案查处侵权盗版案件84起。开展了"剑网2020"专项行动，立案查处网络侵权盗版案件14起。通过严厉打击侵权盗版违法行为，有效保护著作权人的合法权益，让著作权人切实体会到登记作品著作权对维护自身权益的好处。

省版权局将继续优化作品登记服务水平，加大宣传力度。在继续主动对接权利人提供登记服务的同时，推广在文化展会上设立版权工作站，开展作品登记工作，确保全年作品登记量超过10万件，力争再次实现翻番增长的目标。同时，继续做好优秀著作权登记作品遴选活动，着力扩大活动影响，促进登记作品质量提升和成果转化。进一步加大版权执法监管力度，以"剑网"行动为抓手，强力打击网络侵权盗版，突出抓好重点行业领域专项治理，完善执法相关机制建设，依法保护著作权人合法权益。

政协的法治推动工作

2020年，安徽省政协以习近平新时代中国特色社会主义思想为指导，深入贯彻党的十九大和十九届二中、三中、四中全会精神，增强"四个意识"、坚定"四个自信"、做到"两个维护"，按照省委政协工作会议部署，把坚持和发展中国特色社会主义作为巩固共同思想政治基础的主轴，把服务现代化五大发展美好安徽建设、实现"两个一百年"奋斗目标作为工作主线，把加强思想政治引领、广泛凝聚共识作为中心环节，坚持团结和民主两大主题，坚持"三心两进一流"工作思路，抓好年度"十件大事"，提高政治协商、民主监督、参政议政水平，更好凝聚共识，发挥专门协商机构作用，提高建言资政和凝聚共识水平，广泛团结动员政协各参加单位和全体委员，围绕助推"十四五"良好开局扎实履职尽责，为加快建设经济强、百姓富、生态美的新阶段现代化美好安徽贡献智慧力量，以优异的成绩庆祝中国共产党成立100周年。

一、立法协商工作

立法协商不仅可以推进立法活动民主性、真实性，而且可以提升立法进程的科学性、高效性。有效发挥人民政协参与立法协商的重要功能，着力提高立法质量，不仅可以充分展现了社会主义协商民主制度的优越性，也能更好地服务于法治安徽的建设。

　　——立法提案工作。2020年政协会议期间，广大政协委员、政协各参加单位以及各专门委员会坚持以习近平新时代中国特色社会主义思想特别是习近平总书记关于加强和改进人民政协工作的重要思想为指导，紧紧围绕省委、省政府中心工作和人民群众关心的实际问题，共提出提案847件。截至2020年底，所有提案均已办复，其中会议提案798件，闭会提案49件，立案825件，委员提案674件，集体提案151件。经济建设方面提案400件，占48.8%。关于推动经济高质量发展、供给侧结构性改革、农业农村现代化、打造"三地一区"等方面的提案，为省委、省政府科学编制"十四五"规划提供了有力参考。关于长三角一体化高质量发展方面的提案，为制定"五个协同共建""五个区块链接""一圈五区"等政策措施贡献了智慧，有关部门吸收提案建议，积极推进安徽自贸区、皖北承接产业转移集聚区、江淮大数据中心、5G产业发展、沿江高铁、引江济淮等重点工作。政治建设方面提案61件，占7.4%。省委统战部在研究制定关于加强新阶层人士统战工作等制度时，充分吸收提案建议。省委政法委、省高院、省检察院、省数据资源局、省政协办公厅等单位在开展"江淮风暴"专项攻坚行动、强化民营企业控告申诉"绿色通道""皖事通办"平台以及"专门协商机构"建设时，充分吸纳提案建议。"深化皖港交流"等方面提案为有关部门推进皖港交流合作提供了工作参考。文化建设方面提案53件，占6.42%。省委教育工委参考委员所提"加强高校思政工作"等建议，打造全国首家省级高校教管服一体化智慧思政平台。省文化和旅游厅在出台《徽州文化生态保护区管理办法》、起草《安徽省公共文化服务保障条例》时，注重吸收提案建议。关于爱国主义教育、红色旅游、文化创意等方面的提案，被省委宣传部等部门积极采纳。社会建设方面提案257件，占31.15%。省委宣传部、省人社厅在深化实施"四进一促""创业江淮"行动中积极参考委员所提建议，"教育减负""加大投入"等提案建议被吸收到《实施深化基础教育改革 全面提高育人质量行动计划》中。关于平安安徽、健康安徽、幸福安徽等方面的提案，也得到积极回应或采纳。省市场监管局借鉴提案建议，启动"智慧食品安全监督"项目建设，努力构建全社会共治共建共享食品安全的大格局。生态文明建设方面提案54件，占6.55%。深化长三角区域污染防治协作等提案，为进一步推深做实新安江流域生态补偿机制提供了参考。省发展改革委、省经济和信息化厅、省生态环境厅等单位吸收委员建议，积极做好能源消耗总量和强度"双控"、挥发性有机物综合治理相关工作。在打造水清岸绿美丽长江经济带、淮河（安徽）生态经济带、环巢湖生态示范区以及秸秆综合利用、城市雨污分流、人居环境整治等方面，有关部门积极回应委员所提建议，聚力打好蓝天、碧水、净土保卫战。

——立法协商工作。2020年，安徽省政协坚持履职为民的宗旨，着力发挥提案协商在专门协商机构中的作用，彰显省委书记领衔督办重点提案的示范作用，发挥提案协商的重要作用，强化提案全过程的基础作用。认真夯实提案工作体系架构，以制度化筑牢工作基础，以机制化汇聚工作合力，以规范化提升工作效率，努力提升提案工作服务水平。开展"提案质量服务年"活动，创新提案服务举措，讲好提案故事。进一步坚持双向发力，切实发挥人民政协"三个重要"作用，推动党建与提案业务深度融合，在提案和提案工作中，自觉把加强思想政治引领、广泛凝聚共识作为履职的中心环节，坚持发扬民主和增进团结相互贯通、建言资政和凝聚共识双向发力。进一步提升工作质量，持续做好知情明政服务，加大提案预约征集、定向征集和重点征集力度。严格立案审查标准，切实把沟通协商作为提案办理的必经环节。完善重点提案遴选与督办工作，以"打造乡村全面振兴安徽样板"为主题，开展省委书记领衔督办重点提案活动。强化提案跟踪督办、成果反馈，发挥民主监督效能，优化"智慧提案"系统，积极运用信息化手段做好提案服务工作。进一步形成工作合力，深化与提案者、承办单位的沟通联系，完善与党派团体的合作，建立定期联系机制，加大对市、县（市、区）政协提案工作的指导力度。探索提案协商与党派协商、基层协商相互对接，与对口协商、界别协商有效衔接的方式方法。

二、法治推动工作

2020年，安徽省政协认真学习习近平法治思想，深入贯彻习近平考察安徽重要讲话指示精神，切实增强法治意识和法治素养，自觉做习近平法治思想的坚定信仰者、忠实执行者、模范实践者，为建设新阶段现代化美好安徽提供坚强有力的法治保障。

　　——积极回应社会关切。2020年，省政协召开"依法推进住宅物业规范管理"微协商监督座谈会，从小切口入手助推破解民生难题。提出全省住宅物业管理工作要坚持以人民为中心、以改革为牵引、以法治为保障，顺应群众期盼，树牢科学发展理念，沿着正确发展方向，推动住宅物业行业持续健康发展。要更加突出党建引领、注重市场调节、规范各方履职、推动融合发展，准确把握物业服务管理工作的关键环节，科学谋划"牵一发动全身"的重点工作，为物业服务高质量发展聚合力、添动力。要着力解决老旧小区失修失管难题、业主知情权落实不到位难题、物业服务质量评价机制建设难题、物业类矛盾纠纷多元化解难题，找准突破点，助力老百姓实现"有房住"到"住好房"的转变。

　　——稳步推进旅游业发展。安徽省政协结合安徽实际状况，总结安徽省旅游业发展情况，积极建言献策，推动全省旅游业在良好的法治环境下蓬勃发展。推动文旅融合，丰富优质供给。顺应文旅融合发展新趋势，引导同业协同、异业重构、跨界共生，通过场景式、沉浸式、互动式消费模式，提升品质、激发需求。借鉴长沙马栏山视频文创产业园、西安大唐不夜城等经验，打造文创产业示范园区和文旅商业综合街区，推动合肥挖掘老城文化、三国文化、近现代名人文化，推进淮河路步行街改造成文旅特色街区。统筹协调发展，打响安徽品牌。建立健全省级文旅消费发展联席会议制度，统筹制定省级层面发展规划和改革措施，扶持城市、景区、企业等争创国家、省级文旅消费试点，鼓励地方出台相关政策。借鉴中国道教名山联盟、佛教名山联盟等成功经验，组建黄山、九华山、天柱山等省内名山联盟，推行联票制度。大力实施"联合推介、捆绑营销"，打响安徽文旅品牌。发展数字文旅，培育新型消费。积极培育"互联网+文旅"新业态，开展"云游安徽"建设行动，大力推进网络文旅产品供给，打造"智慧街区""数字博物馆"等，广泛开展云展览、云走秀等活动，建设本土特色文化体验馆等线上线下融合的新消费体验场景。配合线下旅游，做好移动端体验，引导游客线下体验徽文化的独特韵味。强化支撑保障，提升服务效能。加强旅游公路、景区公共服务设施等软硬件设施建设，探索实施"点状供地"政策。鼓励金融机构发展"文旅贷"等融资业务，推动制定长三角地区研学、康养、信用体系互认，文旅数据联通等政策，推动黄山等地列入疗休养推荐路线，激发文旅消费市场活力。

三、全面加强自身建设

安徽省政协为更好地履行职责、服务社会，不断加强自身建设，始终坚持以先进的思想理论武装头脑、指导实践、推动工作，不断加强队伍素质和工作能力建设，推动新时代安徽政协事业蓬勃发展。

——加强思想建设。2020年，安徽省政协持续深入开展创新理论"大学习"，及时跟进学习习近平总书记重要讲话指示批示精神，不断深化对习近平新时代中国特色社会主义思想特别是习近平总书记关于加强和改进人民政协工作的重要思想的理解把握，做到思想上对表对标。重点围绕《习近平谈治国理政》第三卷，习近平总书记考察安徽重要讲话指示精神，党的十九届五中全会及省委十届十一次、十二次全会决策部署，有计划、分专题研讨交流，细化贯彻举措，做到落实上坚定坚决。通过党组理论学习中心组学习会议引领学、主席会议集体学、常委会会议专题学、委员培训集中学、"安徽政协书院"常态学等，把握世情国情省情，做到履职上求深求实。2020年共组织集中学习研讨14次、专题学习报告4场、委员讲堂4期、委员读书活动3期，并多次应邀参加全国政协网上读书活动。

——坚持党建引领。2020年安徽省政协巩固拓展"不忘初心、牢记使命"主题教育成果，扎实开展深化"三个以案"警示教育。坚持和加强党的全面领导，重要工作事项及时向省委请示报告，年度协商计划报经省委批准后实施。修订省政协党组工作规则，制定落实全面从严治党主体责任清单，探索开展党内政治监督谈话，坚决整治形式主义官僚主义，配合做好中央巡视、省委巡视工作，支持派驻机关纪检监察组履行监督责任。召开省政协专委会工作会议，出台《加强改进专委会工作和制度建设的实施意见》，修订专委会通则，制定《推深做实"一入四建"工作的若干意见》，进一步激发专委会履职活力。分批次组织委员参加全国政协培训班、列席省政协常委会会议等活动，委员学习培训、知情明政、联络协调、服务管理等机制日益完善。运用机关党建工作"八步法"，进一步凸显政协机关的政治属性。扎实开展"强化制度执行年"活动，持续推进"岗位练兵"，建设模范机关，激励干部实干担当。省政协机关在省委年度综合考核中继续保持"优秀"等次。

　　——创新履职平台。系统打造"互联网+"履职服务平台，深入开展网络议政、远程协商，常态发布"热点关注"，网上征集意见建议，创新开展即时建言，推动提案、信息、学习、宣传等工作向网上拓展，形成线上与线下履职深度融合、委员与网民建言协调联动、场内与场外协商相互配合的活跃局面。扎实开展"提案服务质量年"活动，巩固省委书记领衔督办、党政领导阅批督办、政协领导调研督办、专委会对口督办、委员小组随机督办的提案督办格局。加强重点信息选题策划，创编《政协信息专报》。发挥《江淮时报》主阵地作用，用好"两网一微一端"，依托《政协论坛》，深度宣传政协制度和重点履职活动。建成全省政协文史资料数据库，出版《安徽人民政协简史（2009—2019）》，提升《江淮文史》办刊质量。指导省政协书画研究院圆满换届，做好老委员联谊会、"徽黄室"工作。组织开展人民政协理论和实践研究，密切对接全国政协，强化履职协同，参与全国政协远程协商活动3场、委托调研5项。完善政协秘书长工作、专委会工作交流研讨机制，深化市、县（市、区）政协特色联系点和联动履职工作。各地政协勇于探索创新，履职亮点纷呈。

法学研究和教育工作

2020年安徽省法学会坚持以习近平新时代中国特色社会主义思想为指导，全面贯彻党的十九大和十九届二中、三中、四中全会精神，学习贯彻习近平总书记关于全面依法治国的重要论述，紧紧围绕贯彻中央政法工作会议、中国法学会常务理事会议、省委政法工作会议的部署，突出工作重点和工作实效，从加强思想政治引领、繁荣法学研究、参与法治实践、促进法治人才培养、强化自身建设等方面聚力用劲，不断增强省法学会的政治性、先进性和群众性，团结引领全省法学法律工作者坚持正确的政治方向，主动适应新形势，积极探索新思路，努力谋求新发展，为促进新时代法治安徽、平安安徽建设，推进国家治理体系和治理能力现代化贡献智慧和力量。

一、法学研究工作

2020年，在安徽省委的正确领导和中国法学会的有力指导下，全省法学会工作探索出新思路，取得了新发展，为统筹推进全省疫情防控和经济社会发展创造了安全稳定的社会环境。

——加强法学研究成果转化。法学研究工作是法学会的核心工作，面对2020年的新形势、新任务、新要求，安徽省法学会主动适应法治新常态，努力繁荣法律文化，有效服务法治实践，扎实推进各项工作，在法学研究方面取得了一定的成绩。如针对新冠肺炎疫情应对中暴露的短板和不足，围绕健全应急管理体系、传染病防治、野生动物保护、生物安全、公共卫生法治保障、养老就业保障、网络安全管理等法律问题加强研究，积极进行学术探讨。在战"疫"中思考网上立案机制，探析疫情防控背景下的市域社会治理方式，思考新冠肺炎疫情下的公证服务问题，对安徽省公共应急管理体系建设提出建议等，不断在法学研究中提升法治思维能力，打赢新冠肺炎疫情防控总体战。又如针对学习贯彻民法典，省法学会积极举办"民法典时代婚姻家庭法学理论与实务"研讨会、"民法典绿色条款实践与理论"研讨会、"宪法视野中的民法典"研讨会等，高度重视研究成果的转化应用。合肥市法学会举办"学习贯彻民法典，助力合肥市域社会治理现代化"法治论坛，充分开展法学研究，发挥好政法"智库"作用，推动法学研究工作深深植根于社会治理实践中，同时还向有关部门和单位推荐论坛成果，努力促进研究成果转化。在全省范围组织开展小微课题研究，指导市、县（市、区）法学会调动法律实务部门同志，特别是基层一线政法干警积极参与法学研究的积极性，围绕当地法治实践中的新情况、新问题，积极开展应用性和对策性调查研究，努力为当地党委政府提供法治建议和决策参考；通过完善课题管理、研究成果应用转化、常态性报送研究成果等制度机制，推动法学研究成果高效转化。

　　——在法学交流上持续发力。法学交流是推动法学研究工作的重要手段，通过交流学习，互相借鉴、相互促进，能够有效提升法学研究水平。2020年安徽省持续推进法学交流工作，法学交流活动硕果累累。

省内交流日趋频繁。如芜湖市法学会赴市中级人民法院调研民事检察监督工作，听取市中院审监庭审理民事监督案件的工作经验。芜湖市法学会赴淮北市学习交流法学会工作，芜湖、淮北法学交流座谈会与会人员相互学习、相互促进、取长补短，为推进法学会建设起到了良好的促进作用。如及时组织有关法学法律专家学者举办学术研讨会，动员专家学者进校园，对《民法典》的创新与亮点进行深入解读，师生共同探讨《民法典》制度带来的划时代意义。蚌埠市法学会除了送法进校园，还积极走进企业"送法"助力企业发展，努力打造良好的营商环境。再如省法学会举办扫黑除恶专项斗争法治保障专题研讨会暨第十八期"法学专家面对面"活动，邀请省市法律院校、政法实务部门专家、学者参加，围绕办理涉黑涉恶犯罪案件中常见的重点难点疑点问题、法律适用的困境及长效机制的建立等方面问题进行了专题研讨，并就如何用法治手段解决存在的突出问题提出了对策建议，对下一步全省扫黑除恶专项斗争的深入开展具有积极的促进作用。

积极与省外开展交流活动。参加第十七届长三角法学论坛，围绕长三角区域社会治理现代化法治化展开深入交流，依托长三角区域法治研究协同机制，开展区域重大法治问题联合攻坚，创新完善区域法学论坛课题协作工作机制，积极构建法治研究成果信息共享机制。论坛对获奖论文和实例及优秀组织单位进行了表彰，安徽省在论坛评比中共计9人获一、二、三等奖，合肥工业大学文法学院、安庆市法学会获优秀组织奖。积极参加第十三届"中部崛起法治论坛"，本届论坛以"'三治融合'市域治理现代化的理论探索"为主题，六省专家学者聚焦论坛主题，围绕新时代"三治融合"的实践探索、方式方法、机制保障和经验价值等进行了深入交流。合肥市法学会积极组织专家参与论坛学术论文征集活动，共推荐论文近30篇，荣获优秀组织奖。省法学会教育研究会年底召开的"法学专业课程思政建设"研讨会，来自上海、浙江、河南和省内高校的专家学者近60人汇聚一堂，围绕"法学专业课程思政建设"这一主题进行了广泛而深入的研讨，进一步加强了省内外高校的联系。马鞍山市委政法委、市法学会组团赴杭州、湖州、绍兴考察学习，更直观、更深刻地了解了"杭嘉湖"地区的先进做法和工作经验，进一步开阔了眼界视野，启发了工作思路。马鞍山市政法系统在市委的坚强领导下，努力借鉴先进地区的经验做法，全力提升工作能力，扎实推动马鞍山市政法各项重点工作，为奋力打造安徽的"杭嘉湖"、长三角的"白菜心"提供坚强的法治保证。

　　——加强法治人才培养。习近平总书记指出："法治人才培养上不去，法治领域不能人才辈出，全面依法治国就不可能做好。"建设法治国家、法治政府、法治社会，实现科学立法、严格执法、公正司法、全民守法，离不开一大批高素质的法治人才队伍。2020年安徽省法学会广泛搭建平台，推动法治人才培养。通过加强对全省法学法律人才的摸底调研，对原有法学法律专家人才库进行充实完善，规范法学法律人才的推荐、申报、评审、使用、退出等办法，充分发挥专家人才库的作用；积极组织会员参与中国法学会主办的"长三角法学论坛"和"中部崛起法治论坛"等区域法治论坛。组织会员参加"中国法学优秀成果奖""董必武青年法学成果奖"评选活动；举办"青少年模拟法庭""青少年爱国主义和法治宣传教育主题宣讲"等活动，进一步加强青年法学法律人才培养，为全省优秀法学法律人才脱颖而出搭建平台；不断拓宽会员发展渠道，推动在立法、执法、司法和法律服务机构、企业法务部门及其他社会组织发展会员大力，做好会员发展工作；进一步密切与会员的联系，畅通为会员服务渠道，切实把法学会建成"法学法律工作者之家"。

二、法学宣传教育工作

——积极做好宪法宣传。大力宣传以宪法为核心的中国特色社会主义法律体系，弘扬社会主义核心价值观，使广大群众都能成为社会主义法治的忠实崇尚者、自觉遵守者和坚定捍卫者。如在第七个国家宪法日到来之际，省法学会宪法学研究会举办2020年年会暨"宪法视野中的民法典"专题研讨会，来自省内立法、执法、司法机关，律师事务所、法律援助中心和高校的专家学者30多人，认真学习习近平新时代中国特色社会主义思想，弘扬宪法精神；又如六安市认真部署青少年宪法学习宣传活动，各地各学校陆续开展各类活动，丰富校园宪法学习宣传形式；铜陵市义安区法学会组织开展"宪法进机关活动"；芜湖市弋江区开展宪法宣传周活动之送法进军营活动；潜山市举办"宪法宣传周"暨乡村"法治带头人""法律明白人"培训班；铜陵市郊区法学会开展"国家宪法日"集中法治宣传活动，等等。各地开展的"宪法进校园""宪法进万家""宪法进社区"等活动以及国家宪法日和宪法宣传周系列宣传活动，让广大群众广泛学习了宪法知识，增强了法治观念，提高了"学法、懂法、用法、守法"的法治意识，取得了良好的宣传效果。

——建立法治宣传长效机制。坚持把社会主义核心价值观融入法治建设，推动基层群众诚实守信、崇法尚德。认真组织开展"青年普法志愿者法治文化基层行"活动，督促各地充分发挥青年普法志愿者在全面依法治国实践中的生力军作用，采取群众喜闻乐见活动形式，持续、常态化开展形式多样的法治宣传活动，形成一些具有安徽特色的活动品牌；继续组织开展"百名法学家百场报告会"，充分利用"双百"法治宣讲这一平台和载体，深入宣传和阐释习近平关于全面依法治国的重要论述，推动各地将报告会纳入党委理论学习中心组年度学习计划，不断提升活动的针对性、实效性；继续举办"法学专家面对面"和"安徽法治讲堂"等活动，进一步丰富内容，创新形式和载体，着力提升活动成效。

——加强宣传阵地建设。不断加强法治宣传阵地建设力度，为法治宣传提供人、财、物全方位保障。如省法学会继续出版《安徽法学文库》，完善出版管理办法，资助省内优秀中青年法学法律人才开展法学研究。继续办好《安徽法学》，提高办刊质量。加强省法学会网站建设，加大网站宣传力度，提高传播力和影响力。又如霍山县法学会开通"法治霍山"微博、普法公众号，定期推送法治宣传、志愿者活动、法律条文和法治案例，多元化、全方位宣传法律知识。打造法治线上阵地，推出"未检云课堂，护苗助成长"法治云课堂栏目，运用互联网传播平台，开展青少年学生普法。

——围绕与人民群众切身利益密切相关的领域开展主题法治宣传。如霍山县法学会聚焦疫情防控，组织开展"防控疫情法治同行"法治宣传活动，青年普法志愿者积极参与疫情防控线上法律知识竞赛，广泛开展微视频动漫制作、在线法律宣讲等涉疫类法治宣传；聚焦民法典，充分发挥法学法律工作者、青年普法志愿者专业优势，开展民法典全面系统解读和宣传，提高全民普及率。全年开展以民法典为主题的专题讲座100余场，受众10万人次；聚焦扫黑除恶问题，进一步发挥法治对扫黑除恶专项斗争的保障和引领作用，探讨用法治手段研究解决扫黑除恶工作面临的困难和问题，省法学会举办扫黑除恶专项斗争法治保障专题研讨会；聚焦重要节点，开展"3·8"妇女维权宣传、"3·15"消费者权益保护日、"4·15"国家安全教育日、"6·26"国际禁毒日、综治宣传月、江淮普法行及"12·4"国家宪法宣传日等大型法治宣传活动，全年发放宣传普法资料33万余册，开展线上普法30次。

三、加强自身建设

2020年安徽省法学会认真贯彻落实中共中央办公厅《关于进一步加强法学会建设的意见》和中国法学会工作要求，继续深化改革，进一步加强研究会自身建设，切实肩负新时代的职责使命。

　　——加强基层法学会建设。做好新时代法学会工作，主战场不在机关而在基层。只有依靠人民群众，才能最大程度地调动人民群众的积极性、主动性、创造性。省法学会指导市、县（市、区）法学会规范化建设，对市级法学会工作开展量化考评，推动任期届满市、县（市、区）法学会及时换届，落实群团性质的改革，进一步夯实基层基础；进一步加强研究会建设，修改完善研究会管理办法，推动研究会规范有序运作，切实发挥好各研究会的主阵地作用；督促指导研究会围绕党委和政府中心任务，组织开展内容丰富，形式多样的法学研究活动，及时总结、提炼活动成果，为经济社会发展服务；组织、财政等部门要帮助法学会解决队伍建设、经费保障等方面的具体问题，将法学会专项工作经费列入财政年度预算并予以保障，人员编制情况由市委编委会研究确定；省法学会党组多次深入基层法学会调研，协调指导推动基层工作。如省法学会调研指导萧县法学会、霍邱县法学会、阜阳市法学会、池州市贵池区法学会和青阳县法学会等的建设工作，在对各基层法学会工作进行肯定的同时，也强调要牢固树立政治责任感和工作使命感，充分发挥法学会的职能作用，更好地围绕中心服务大局，进一步增强法学会凝聚力、向心力，扩大法学会影响力，为法治安徽建设做出应有贡献。

　　——提升法学会系统工作人员整体素质。加强法学会系统工作人员业务培训，不断提升法学会工作人员政治业务素质和履职能力，促进全省法学会工作再上新台阶。如铜陵市枞阳县法学会召开民法典专题研讨培训会，围绕平时工作生活热点问题，引用经典案例，组织学习了《民法典》的新亮点；如阜阳市颍州区法学会举办2020年度法学知识培训会，从思想上提升了全体会员参与平安建设的信心和决心；又如省法学会举办了第四期全省政法领导干部政治轮训法学会专题班，进一步提升法学会系统干部队伍政治素质、法治素养和业务能力。

——加强法学会会员队伍建设。发展一批懂政策法律、知社情民意、善群众工作的基层法律人才，壮大法学会人才队伍，把各部门、单位的法学、法律人才，特别是要把那些理论功底扎实、知识结构合理、实践经验丰富、思想活跃的人才吸纳到法学会队伍中来，不断扩大法学会的联系面和覆盖面，会员规模覆盖至各高校、科研机构、人大、政协、司法、行政执法部门等多部门多领域。为进一步紧密联系会员，增强凝聚力，法学会充分发挥自身特点和优势，组织动员广大法学法律工作者积极参与社会实践，努力向社会传递法学会的声音，不断扩大法学会的影响力，使法学会工作得到广大群众的认可和支持。如黄山市市县两级法学会会员自觉响应号召，积极参与"宪法宣传周"活动，为各类活动主题提高专业化服务；又如铜陵市法学会通过组织市域社会治理现代化、疫情时代的媒介素养提升、政法舆情处置等知识的培训，着力提升法学会会员的能力与水平。

下篇

法治安徽建设总结报告（2014—2019）

安徽省人大立法与监督工作总结报告(2014—2019)

一、引言

习近平总书记指出:"地方人大及其常委会要按照党中央关于人大工作的要求,围绕地方党委贯彻落实党中央大政方针的决策部署,结合地方实际,创造性地做好立法、监督等工作,更好助力经济社会发展和改革攻坚任务。要自觉接受同级党委领导,密切同人民群众的联系,更好发挥人大代表作用,接地气、察民情、聚民智,用法治保障人民权益、增进民生福祉。要加强自身建设,提高依法履职能力和水平,增强工作整体实效。"①

本文主要内容包括三个方面:一是对2014年至2019年安徽省人大及其常委会的立法与监督工作成就进行梳理;二是与其他省份人大及其常委会的相关工作进行比较,找出安徽省人大及其常委会工作中的不足之处;三是针对不足之处提出相关的建议。

2014年以来,安徽省人大及其常委会肩负人民重托,承载神圣使命,始终坚持以习近平新时代中国特色社会主义思

---

① 习近平.习近平谈治国理政(第三卷)[M].北京:外文出版社,2020:290.

想为指导，全面贯彻落实党的十八大、十九大精神和习近平总书记视察安徽重要讲话指示精神，在中共安徽省委坚强领导下，聚焦中心服务大局，依法履职尽责。六年来，安徽省人大及其常委会为促进全省经济社会平稳健康发展作出了积极的贡献，在新时期人大工作的征程上留下了一串串闪光的足迹。但是，安徽省人大及其常委会的立法工作与监督工作与新时代新要求相比、与人民群众的新期待相比仍然具有一定差距，这主要体现在：一是立法工作方面，存在人大主导作用不明显、对政府部门起草的法规草案具有依赖性、立法过程不够透明等问题。二是监督工作方面，存在监督机制不完善、监督队伍自身建设不完善等问题。

为此，在纪念地方人大设立常委会40周年座谈会上，习近平总书记对地方人大及其常委会工作作出重要指示，强调县级以上地方人大设立常委会，是发展和完善人民代表大会制度的一个重要举措，地方人大及其常委会应坚持党的领导、人民当家作主、依法治国有机统一，履职尽责，开拓进取，为地方改革发展稳定工作作出应有贡献。

二、人大立法与监督工作的成就梳理

法者，治之端也。2014年至2019年，安徽省人大始终坚持科学立法、民主立法，不断完善立法机制，并注重发挥在立法中的主导作用，同时又能结合安徽省地方特色进行立法，为安徽省经济社会的和谐稳定发展提供有效的法治保障。六年以来，安徽省人大制定、修改、废止法规90余件，审查批准设区的市法规100余件，指导修改设区的市法规30余件。

(一)人大的立法工作成就

1.完善立法机制

六年来,安徽省人大不断完善立法工作体制机制:一是把握立法主动权,通过立法规划和立法计划的统筹安排,科学编制人大五年立法规划、制定实施年度立法计划,合理安排立法项目,从源头上发挥人大在立法工作中的主导作用。二是坚持科学立法、民主立法。民主立法与科学立法是立法工作的基础,是提高立法质量的重要途径,也是制定法规符合宪法精神和法律规定、反应安徽实际、体现人民意愿的重要保障。省人大在立法过程中,启动第三方立法评估制度,明确立法专家顾问制度,不断提升立法工作的科学化水平。同时,安徽省人大在立法工作过程中,及时将法规草案、修改情况予以公布,设立基层立法联系点,广泛收集立法建议并听取基层立法意见,提高立法质量,推进民主立法。

2.加强重点领域立法

六年来,安徽省人大将立法工作重点聚焦于经济、民生、生态环境保护等领域,为推动安徽省经济高质量发展、维护社会大局和谐稳定提供法治保障。

(1)经济领域。省人大把握安徽省经济发展新特征新要求,及时完善经济领域相关法规,为安徽省经济建设保驾护航。如2014年制定全国首部治理超限超载法规《安徽省治理货物运输车辆超限超载条例》,该条例突出立法重点,在法律框架内对法律责任以及处罚措施作出严格规定,切实保护人民群众的生命财产安全。为推动产业转型升级和经济持续健康发展,安徽省人大及其常委会抓住国家实施长江经济带发展战略和国民旅游休闲纲要等重大机遇，于2016年启动《安徽省水路运输管理条例》和《安徽省旅游条例》的修订工作，制定了更加符合经济社会发展需要的地方性法规。尤其是在2018年，为优化营商环境，保障中小企业公平参与市场竞争，维护中小企业合法权益，进一步发挥中小企业在全省经济和社会发展中的重要作用，省人大制定《安徽省中小企业促进条例》。同时，为了解民营企业相关诉求，及时帮助企业解决生产经营中的困境，优化企业发展环境，促进民营经济健康发展，省人大制定《安徽省商会条例》。

（2）民生领域。为扎实推进社会建设，积极回应民众普遍关切，省人大将民生领域的立法工作作为工作重点，根据社会现实问题以及民众需求进行立法，以法律的形式回应社会各方面关注的热点和焦点问题，加强民生保障，推进和谐安徽建设。如为解决学龄前儿童入园难、入园贵等突出的社会问题，2014年安徽省人大制定《安徽省学前教育条例》，从立法方面回应群众的普遍关切，促进公办、民办幼儿园共同发展。为增强群众的法治意识，为群众纠纷提供有效的法治解决途径，2015年省人大制定全国首部法治教育条例——《安徽省法治宣传教育条例》，以立法的方式促进对公众的法治宣传教育。2016年修订了《安徽省法律援助条例》，进一步扩大受益范围，畅通申请渠道，使符合条件的公民能够平等地受到法律援助，依法保障公众切身利益。2019年，围绕推动事关群众切身利益问题的解决、找准立法切入点这一关键，省人大制定《安徽省志愿服务条例》《安徽省工会劳动法律监督条例》，通过立法弘扬社会新风尚，维护劳动者合法权益；修改《安徽省信访条例》《安徽省宗教事务条例》，进一步引导网上信访、推进诉访分离，进一步规范宗教事务管理，保障宗教公民信仰自由，维护宗教和睦与社会和谐。

（3）生态领域。"绿水青山就是金山银山"，为贯彻落实习近平总书记的生态文明理念，省人大围绕生态环保领域为重点开展一系列立法工作，为推进生态文明建设提供法治保障。如省人大于2014年针对安徽省气候资源的突出优势和分布特点，强化气候资源的合理开发利用，促进资源节约型、环境友好型社会建设而制定《安徽省气候资源开发利用和保护条例》。为了自然资源的开发和利用提供法治保障，2015年制定《安徽省湿地保护条例》。为改善生态环境，2016年制定《安徽省饮用水水源环境保护条例》，将饮用水水源保护范围由城镇扩大到城乡，实现城乡集中式饮用水和农村分散式饮用水水源环境保护的全覆盖。在中央出台《关于全面加强生态环境保护坚决打好污染防治攻坚战的意见》的前提下，安徽省出台《安徽省水污染防治工作方案》，充分发挥法治引领规范作用，为促进安徽省水污染防治目标任务的实现提供有力抓手。

（二）人大常委会的监督工作成就

2014年至2019年，安徽省人大及其常委会积极开展法律监督和法治推动工作，正确把握人大监督的政治定位和法律定位，坚持正确的监督方式，结合安徽省实际情况，扎实、创造地做好人大监督工作，共审议"一府两院"报告204项、开展执法检查40次、专题询问20余次，为助力安徽省经济社会和谐、健康发展贡献重要力量。

1.创新监督方式

六年来，安徽省人大及其常委会积极探索、创新监督方式，对监督工作分重点、有针对性地开展，完善自身监督机制，有力地提升监督工作水平。如2014年，在全国范围内率先以地方立法的形式对任前检查和任后监督进行规范，创新人事任免的理念、制度和机制。2016年对报备的规范性文件全部进行合法性审查，对各地级市以地级市自查、督查组抽查的方式进行监督，将明察与暗访相结合、实地查看与问卷调查相结合，有效提升监督水平。2017年坚持问题导向、效果导向，探索第三方量化评估制度，健全备案审查制度，建立信息平台，加大监督力度。特别是2018年，安徽省人大及其常委会充分发挥人大执法检查"法律巡视"的利剑作用，突出问题导向，通过规定执法检查报告的问题部分不少于三分之一篇幅的方式形成监督压力。同时，首次实行政府组成部门向人大常委会或者有关专委会书面报告年度工作的制度，拓宽监督范围。2019年对监督方式进行大力度创新，一是对于预决算审查监督方面，首次选取教育、住建、交通三部门决算草案进行重点审查；二是在执法检查方面，创新执法检查方式方法，采取直插现场、随机抽查的方式，对执法检查报告首次采取附录随机抽查详细报告机制；三是在跟踪监督方面，首次实行督促省级政府部门及各市制定执法检查报告审议意见落实清单、问题整改清单制度。

2.深化预决算监督审查

六年来，安徽省人大及其常委会逐步健全、完善预决算审查以及国有资产监督机制，认真审查和批准预决算，听取和审议年度国民经济和社会发展计划、年度预算执行情况报告，听取和审议年度审计工作报告，加强对政府性投资的监督，听取专项资金使用情况汇报，关注省政府性债务问题，以健全债务管理机制、防控债务风险为中心。如2015年，安徽省人大常委会首次审查批准地方政府债务限额。2018年，预算审查重点向支出预算和政策拓展倾斜，首次听取审议国有资产管理情况综合报告及金融企业国有资产专项报告，出台《全省人大预算联网监督指导意见》。2019年，创新建立专项债券项目控制机制，明确并调整政府资金用途，加强对重要部门、重大项目、重要环节的监督。

3.强化经济工作监督

六年来，安徽省人大及其常委会把监督工作重点放在促进全省经济社会高质量发展上，密切关注全省经济运行情况，以座谈会、问卷调查等方式对全省经济运行进行监督，认真行使其各项职权，支持政府积极应对、攻坚克难，推动政府完成年度经济社会发展的目标和任务。如2014年为解决工业和民营经济发展难的问题，安徽省人大常委会审议省政府关于深化行政体制改革情况的报告，就减少审批事项、减轻企业负担提出相应的监督意见。2017年围绕"去降补、调转促、全创改、放管服、防风险"为重点展开经济监督，并细化经济工作的监督范围。2018年聚焦年度经济工作任务落实、开放发展等进行监督，强力推进"四个一"创新平台①和

---

① "四个一"：指"一中心"即合肥综合性国家科学中心，"一城"即合肥滨湖科学城，"一区"即合芜蚌国家自主创新示范区，"一省"即系统推进全面创新改革试验省。

"一室一中心"建设①，加强投资运行调度。为优化营商环境，充分激发民营经济和中小微企业发展活力，2019年开展"四送一服"双千工程②、"一法一条例"执法检查，采取第三方对纳税人通过问卷调查的方式进行专题调研。

4.推进民生事业监督

六年来，安徽省人大常委会坚持百姓所望、人大所向，督促解决群众急难愁盼问题，更好满足群众需求。省人大常委会始终坚持以人为本、以维护人民群众的根本利益作为工作的出发点和落脚点，围绕如何保障和改善民生开展了一系列工作，积极回应人民群众最关心最直接最现实的利益问题，不断提高人民群众的获得感、幸福感、满足感。如2014年在全国率先开展满意度测评工作，同时关注到社会治安、就业民生等问题。2015年安徽省出现较早进入全国老龄社会、老年人口比例高于全国水平的情况，省人大常委会积极关注老年人权益保护问题，强化对老年人权益保障的政府责任，并提出支持少数民族发展、抓好扶贫工作等重点关注领域的政策。2018年坚持以精准扶贫为重点，深化脱贫攻坚监督，加大政策支持力度，加快精准脱贫进度。2019年在全国开展扫黑除恶专项斗争的背景下，安徽省人大及其常委会不断督促涉法涉诉信访问题的处理，切实维护社会稳定。

5.务实司法工作监督

六年来，安徽省不断推进司法体制改革，紧扣"让人民

---

① "一室一中心"：指安徽省实验室、安徽省技术创新中心。

② "四送一服"双千工程：指组织千名机关干部，深入千家企业，送发展理念、送支持政策、送创新项目、送生产要素。

群众在每一个司法案件中都感受到公平正义"这一目标，把监督工作重点放在维护公平正义上。为提升司法在维护社会公平正义中的权威性作用，安徽省人大常委会对司法工作进行有效监督，促进司法机关正确行使审判权和检察权。2017年，在原有司法工作监督的基础上，着力于审议刑事审判、民事审判、执行工作、反贪污贿赂、民事监察、刑事执行检察等报告，实行司法人员分类管理，完善司法责任制。2018年司法监督工作聚焦于知识产权审判、检察机关公益诉讼，同时开展反家庭暴力法、预防未成年人犯罪条例执法检查，深化信访工作制度改革，提升信访工作法治化水平。2019年抓住社会普遍关注的"执行难"问题，首次对"两院"工作开展专题询问，回应社会普遍关切，切实解决"执行难"。

6.提升生态环保监督

六年来，为推进生态文明建设，省人大常委会始终将对生态环保的监督工作贯穿于省人大监督工作的始终，综合运用其监督职权，不断开展执法检查、专题询问，以此推动安徽省生态文明建设。如2014年，省人大常委会监督工作以大气污染防治和水污染防治为重点，实施多措并举、上下联动。2015年与2016年实施"江淮环保世纪行"活动，以省市联动方式推动环境保护宣传工作，并对指定的湿地保护条例、环境保护条例等进行执法检查。为贯彻习近平总书记"坚决打赢蓝天保卫战是重中之重"的重要指示精神，安徽省人大常委会在2018年进行执法检查、专题询问的过程中，对审议时提出整改意见的整改情况进行重点跟踪，合力落实环保督察任务。

7.法治宣传教育工作监督

六年以来，为提升全民法治素质，加大法治宣传教育，做好推动我国法治化进程的基础性工作，安徽省人大及其常委会积极创新法治教育宣传方式，不断提升安徽省公民的法治素质。如2015年，安徽省在全国率先制定法治教育宣传条例，牵头组织以"弘扬宪法精神、建设法治安徽"为主题的"江淮普法行"活动，认真落实普法责任制，进行执法检查和审议报告。2016年做出"七五普法"决议，深入开展普法工作，进行实地考察、召开座谈会，积极监督法治宣传教育情况。2017年着力开展主题为"深入实施'七五'普法规划，加快建设'五大发展'美好安徽"的普法活动，听取有关单位以案释法工作情况报告，督促法治宣传教育工作实地落实。

8.加强自身建设

六年来，安徽省人大及其常委会主动适应新时代新要求，高度重视强化自身建设、提高履职本领，着力深化联系指导、推进基层人大建设，推动全省人大工作与时俱进、创新发展。2015年，全面完成省人大代表、县级以上人大常委会组成人员和机关干部三年全员轮训全覆盖的目标，并制定《安徽省宪法宣誓制度实施办法》，牵头组织拟任命人员法律知识考试。2017年，安徽省各级人大积极适应新形势新要求，坚持不懈地加强自身政治建设、廉政建设、夯实基层工作基础，推进"两学一做"学习教育①常态化、制度化。2019年，围绕习近平总书记重要讲话精神、学习党史和新中国史为中心内容，召开会议、专题讲座，制定实施"基层减负年"具体举

---

① "两学一做"学习教育：指"学党党章规、学系列讲话，做合格党员"学习教育。

措，深化"三个以案"警示教育①，通过多种平台实施学习培训。

三、人大立法与监督工作存在的不足之处

综上所述，可以清晰地看到2014年以来安徽省人大及其常委会在立法与监督工作方面取得的卓越成就，为安徽省经济、社会的和谐稳定发展作出了重要贡献。但是，在具体的立法与监督工作过程中，还存在一些不足之处。

（一）人大立法工作的不足之处

习近平总书记高度重视立法工作，要求集中各方面智慧、凝聚最广泛力量，不断提高立法工作质量和效率。习近平总书记指出："不是什么法都能治国，不是什么法都能治好国；越是强调法治，越是要提高立法质量。"在新形势新任务的情况下，需要省级和设区的市人大及其常委会进一步健全完善立法工作机制，推动立法工作的质量和水平适应地方发展需求。2014年至2019年，安徽省人大发挥其立法职权，紧密结合安徽实际情况和现实需要进行立法，以经济领域、民生领域、生态环保领域为重点，出台一系列促进发展的地方性法规，但是在其立法过程中仍有不足。

1.人大主导作用不够明显

立法对于推动和引领经济社会发展，保障和改善民生具有重要作用。一方面，人大作为法定的立法主体，应当充分考虑不同方面对立法的现实需求，科学合理地统筹和谋划立法工作。另一方面，人大在立法过程中应当充分发挥主导作

① "三个以案"警示教育:指"以案示警,以案为戒,以案促改"警示教育。

用，在立法规划的制定与立法的各项环节中都应该占据主导地位。与其他省、自治区、直辖市人大相比较而言，安徽省人大在立法过程中的主导作用较为薄弱，即使与经济社会不够发达的吉林省相比，安徽省人大在立法过程中的主导作用也不够突出。吉林省人大在立法各项环节中始终坚持发挥其主导作用，为了准确把握立法项目的优劣及立法后的实施效果，增强地方性法规的实施性和有效性，吉林省人大常委会主任会议先后讨论通过了《关于地方立法中涉及的重大利益调整论证咨询工作规范》和《关于争议较大的重要立法事项引入第三方评估的工作规范》两个规范性文件，同时坚持在法规立项阶段、法规起草阶段、法规调研阶段、法规审议阶段、组织协调方面法规吉林省人大的主导作用。①

2.法规草案起草过度依赖行政部门

在地方立法实践中，政府职能部门往往能够更直接地掌握行政管理的实际情况和现实需要，更能及时了解立法所需要的各类信息。正是由于政府部门在这些职权职责方面的"先天优势"，导致地方人大在法规草案起草过程中对政府部门的依赖性较大。大多数的地方性法规的草案由政府部门或者其所属执法机构独立起草，即使是由人大和政府联合起草，人大发挥的作用也相对被动和随机，大多停留在参与调研或者研究某一具体问题的层面，负责整体起草工作的主体仍然是政府部门或者其所属机构。从2014至2019年安徽省的立法情况来看，政府部门是地方性法规草案起草的主力军，这种"依赖性"直接导致地方性法规草案的"雏形"由政府部门确

————
① 刘洋.提升地方人大立法主导作用研究[D].长春:吉林大学,2021.

定，在起草阶段就有可能将政府部门的利益注入草案之中，从而影响立法的中立性和社会性。

3.立法过程不够透明

在地方性法规制定的过程中，社会公众的参与应当是全过程的，涵盖立项、草拟、审议以及出台后的修改所有的环节。但在地方立法实践中，在立法调研阶段，大多通过座谈会的形式进行，并未进一步广泛深入听取社会公众的相关建议。在立法审议阶段，大多通过查阅分析现有文献材料，或者听取了解相关情况一方主体的意见来解决现有的问题，普通人民群众的参与度不够充分，并未真正有效反映出不同社会主体的切身利益[①]。另外，审议过程未向社会完全公开，立法审议环节相对封闭，导致社会公众未能充分了解审议情况，进而无法为维护自身利益发表意见、进行监督。

4.缺乏地方立法特色

地方立法要能充分体现本地经济水平、地理资源、历史传统、法制环境、人文背景、民情风俗等状况，适合本地发展实际。一般而言，在中央立法完成之后，全国各地应该根据地方的实际情况制定富有地方特色的地方立法，确保中央立法在地方得以实现。通过查看安徽省各地这些年的立法文件可以发现，在这一方面，安徽省具有明显地域特色的立法相对不足，在立法过程中的地方特色彰显不够。

（二）人大常委会的监督工作不足之处

人大监督作为国家最高权力机关的基本职权，是监督体

---

① 田甜.人大在法案审议环节中的主导地位及实施路径研究[D].重庆:西南政法大学,2019.

系不可缺少的重要部分，担负着监督政府依法行政，法院、检察院公正司法的重要职责。充分、有效地发挥人大监督职权，不仅是党和国家在法治化变革新时期的具体要求，也是人民代表大会制度的根本要求，更是维护人民当家作主权益的重要手段。2014—2019年，安徽省人大及其常委会认真履行监督职能，以预决算制度、经济工作、司法工作、民生事业、生态环保等作为工作重点，对其进行监督，但在工作中仍存在一些需要改进的地方。

1.监督工作推进不够深入

安徽省人大及其常委会在监督工作中，通过多样化的监督方式，比如实地考察、问卷调查等，有效提升了人大的监督工作水平。但与其他兄弟省份相比，安徽省各级人大的监督工作推进还不够深入，没有真正发挥人大在监督中的应有角色和功能。例如山东省泰安市岱岳区人大常委会就对执法检查的程序进行了大胆而有益的探索，将人大的监督工作不断向纵深推进，真正落入实践，服务法治建设。其主要是通过外聘专家、抽调区安委会成员单位业务骨干与人大代表组成检查组，在单位公职律师对法律问题进行分析、讲解的基础上，综合运用人大的执法检查、上级行政机关对下级行政机关的行政执法检查、行政机关对生产经营单位执法检查等措施，补足以往人大执法检查过程中深入生产经营单位点少面窄、发现问题不够全面的短板，改变行政机关在执法检查中看不到自身存在的不符合法律规定的问题。

2.信息平台搭建不够完善

2014年至2019年安徽省人大及其常委会，注重积极探索、创新监督方式，但是在开展"智慧人大"工作过程中，安徽省并未搭建起较为完善、较为完整的多功能数字信息平台，这与许多发达省份相比还存在一些差距。如江苏省南通市的信息平台搭建工作就做得很好。自2017年以来，江苏省南通市积极搭建人大数字中心，目前通州智慧人大系统主要涵盖人大代表履职监督平台、预算联网监督平台、生态环境监督平台、监察司法监督平台、规范文件审查平台五大应用场景。数字人大中心建成并投入使用，实现了地方国家机关与人大代表、人大代表与人民群众联系方式的网络化，达成了人大代表全天候履职服务的智能化，人大监督工作搭上了信息化的快车。

3.监督队伍自身不足

一是监督队伍结构的不合理。从安徽省各级地方人大代表的构成来看，来自"一府两院"的人员过多，而且其中相当一部分还担任着各级党政机关领导职务，从某种意义上说这是自己监督自己，难以达到预期的监督效果。二是监督主体的素质不够高。安徽省各级地方人大代表虽然是来自各行各业的精英，但领导型人才多，专业型人才少，他们往往缺乏相关的专业知识，对于重大社会问题思考和认识不足，出现指出问题和现象多，提出对策建议少的情况。

四、推进人大立法与监督工作的相关建议

（一）对人大立法工作的建议

1.充分发挥人大的主导作用

要充分发挥人大在立法过程各环节的主导作用：在立法

立项方面，要对立什么、立多少、何时立做到科学、合理统筹安排。要探索建立"立法前评估"制度，如天津市、山东省人大在立法前按照"实践需要、特色鲜明、重点突出、切实管用"要求，吸收起草单位、专家学者和社会公众对拟立法规进行"立法前评估"，最大限度地"过滤"掉不合法、不合适的立法项目，有效地提高了地方立法的针对性，从源头上确保了地方立法工作积极有序开展①。在立法起草方面，建立人大主导法规草案起草工作机制，人大可以提前参与法规草案的起草以及综合运用法规草案起草方式，包括委托独立部门或者委托第三方。在立法调研方面，拓宽立法调研方式、找准立法调研重点，对立法调研工作做到统筹安排。在立法审议方面，加大人民代表大会审议法规草案比例，充分发挥人大代表的主体作用，建立科学审议议程制定机制。在立法宣传方面，发挥人大主导作用也是不可缺少的重要内容，人大要推进立法宣传，加强立法舆论引导，提升社会各方面对地方立法工作及人大立法主导作用的了解和认知。

2.理清人大与政府部门的关系

在法规立项、起草、审议以及重要立法事项的协调等各个环节，人大应当积极主动发挥立法组织、沟通和协调作用，取得政府有关部门的支持和配合，将急需急用的立法项目筛选出来，将真正管用的制度规范设计出来。要在人大和政府高层之间建立高效对称的会商机制，统筹解决地方立法过程中遇到的重点和难点问题，共同推进立法工作进度。除此之

① 梁英松.完善人大立法工作体制机制的思考[N].辽宁日报,2020-06-18(10).

外，具体从事立法工作人员之间也要保持充分、高效的协调和协商，让人大和政府立法高层的意见和建议得到精准高效地贯彻落实，让立法工作有序推进、立法项目顺利实施。对于涉及综合性、全局性、基础性的地方性法规，应由人大相关专门委员会、常委会工作机构组织有关部门或委托"第三方"进行起草，逐步探索形成立法机关主导、有关部门参加、人大代表和人民群众共同参与的法规起草工作机制，广泛凝聚社会共识，防止出现部门利益法律化倾向[①]。

3.注重立法过程公开，健全公众参与机制

立法归根到底是为民立法，为人民群众提高生活品质提供法治保障。因此，人大主导必须建立在公众参与基础之上，集中民智、反映民情、体现民意。具体来说，发挥公众参与，一是要为公众参与立法提供有效便捷的渠道，坚持立法工作的守正创新，在广泛征求社会各界意见和建议的基础上，发挥基层立法联系点汇民意、察民情的作用，探索和运用互联网平台等现代化沟通形式，广泛征求公众意见和建议，特别是在新时代条件下，要充分发挥"互联网+"在立法工作中的数据汇总和分析比对的重要作用。二是要为发挥常委会立法咨询专家作用提供机制化渠道。要有效运用立法智库这一工作机制[②]，充分调动各方面参与立法工作的积极性，深入开展立法协商，取得社会各界共识，发挥社会各方资源参与立法

---

① 梁英松.完善人大立法工作体制机制的思考[N].辽宁日报,2020-06-18 (10).

② 山东省滨州市人大常委会研究室课题组.完善地方人大立法智库工作机制的研究与思考[J].人大研究,2020(06):54-56.

的优势，增强人大发挥立法主导作用的力量源泉。

4.提升人大立法工作人员的立法能力

地方人大立法工作人员的立法能力直接关系着人大立法成效的实现，因此人大应当加强自身建设，着力提升立法工作人员的立法能力。一是要将政治建设摆在首位，深入贯彻落实党的路线方针政策，增强立法工作人员的政治判断力、政治领悟力、政治执行力。二是大力加强干部队伍建设，充实立法队伍人员力量，适应新时期立法工作需要，努力培养一批地方立法领军人才、专家级立法骨干人才和素质优良的立法专业人才，选任热爱立法工作、立法能力较强、法律素养较强的人员进入立法队伍[①]。三是对立法工作人员进行定期培训，建立健全业务培训工作机制，通过集中培训、挂职锻炼等方式，在实践中提高干部队伍的能力和素质，不断丰富其知识结构，拓阔知识视野，提升立法能力。

5.发挥人大代表的重要作用

人大代表是人民群众与政府联系的桥梁和纽带。在立法工作过程中，应探索建立人大代表参与机制，根据人大代表的专业背景、从事行业及擅长领域，分门别类地建立代表履职立法信息库。根据个人意愿及所在行业、职业和专长，有重点地选择若干愿意且能够参与的法规项目，并全程参与立法调研、草案起草、座谈论证等各环节活动。完善征求意见的方式，重点征求法规案中主要条款的意见，并附上充足的背景资料，使代表能够围绕焦点条款提出合理性针对性意

---

① 努力推动地方立法工作与时俱进——天津市人大立法工作会议交流材料摘编(一)[J].天津人大,2015(12):22-27.

110

见①。在总结代表参与立法实践的基础上，将代表参与立法的程序予以制度化、规范化，形成一整套具体明确的制度安排，以推动代表全程参与立法工作，不断加快实现高质量立法步伐。

6.彰显地方立法特色

做到有特色和管用好用，是地方立法的生命力所在。从一定程度而言，地方立法是否能够彰显地方元素、突出地方特色、解决地方难题，是地方立法质量和地方立法工作水平高低的重要标志。安徽省人大在选取立法项目时，要坚持问题导向，聚焦地方具体的特有问题，通过广泛调查研究，积极回应当地立法需求，在不与上位法相抵触的前提下，推动地方立法更好适应地方需要，更多彰显地方特色，更能解决地方具体问题。如张家界市人大常委会结合其旅游城市、森林城市的定位，先后制定出台了《张家界市扬尘污染防治条例》《张家界市城镇绿化条例》《张家界市全域旅游促进条例》《张家界市八大公山国家级自然保护区条例》，为该市旅游发展、生态保护和城市建设作出了重要贡献②。

（二）对人大常委会监督工作的建议

1.做实做细人大监督工作

人大监督工作可以根据安徽省实际情况和现实需要，分为体制内监督和体制外监督两种，并将这两种机制有机融合，

---

① 梁英松.完善人大立法工作体制机制的思考[N].辽宁日报,2020-06-18(10).

② 余怀民.以党的十九大精神为指导 加强地方人大立法工作[N].张家界日报,2019-03-22(02).

以此促进人大监督工作做实做细。在体制外监督方面，应注重社会监督，积极制定相关法规并细化法律条文，为体制外监督工作的有效运行提供坚实的法律基础。在体制内监督方面，要通过优化和完善监督信息获取机制，有效知悉和了解相关信息，具体而言主要是健全和完善政府信息公开制度，让没有合法依据拒绝信息公开的执法部门及其工作人员承担起相应的责任，以此促进监管信息得以顺畅流通，从而有效实施监督。另外，还要优化和完善民意表达机制，让体制外执法监督者的监督意见可以及时、准确、快捷地传递到体制内执法监督机构，并借助体制内执法监督机制的运行得以实现。要优化和完善各种监督信息反馈机制，对于体制外执法监督者提出的监督意见，体制内执法监督机构应及时给予反馈，强化体制内监督机构和其工作人员对体制外监督的重视和接纳。

2.完善信息平台搭建

通过搭建信息平台，一方面可以实现监督工作更加精准。要充分利用"一府两院"数据资源，通过系统对获取的数据进行综合分析，针对发现的问题采取相应监督方式，实现监督在线化、数据可视化、分析智能化，大力提升人大监督工作的质效。另一方面可以促进代表工作更加便捷。信息平台能够服务和规范代表履职，使其随时掌握各类活动和议案建议办理情况，同时又能拓宽代表履职方式，密切代表和群众及常委会的关系，激发代表履职热情，推动全省及各地级市人大代表的作用得到进一步发挥。另外，应加强内外联系，使其更加畅通。数字化建设可以破除横向部门各自为政、纵向衔接不畅的弊端，建立内外联系、上下呼应、相互配合、协调一致的信息化工作体系，开创地方人大联动工作的新局面。

3.融合监督手段

监督实践的一条重要经验，就是把多种监督形式结合起来，综合运用，形成监督合力。实践中有多种结合方式：即工作监督与法律监督相结合、专项监督与计划预算监督相结合、初次监督与跟踪监督相结合、听取专项工作报告与执法检查相结合、推动自行整改与依法纠正相结合。具体要根据监督对象和事项特点，灵活运用监督形式，凝聚监督合力，增强监督效果。

4.加强自身建设

首先，应当实现人大常委会人员专职化，让他们有充足的时间和精力履行职责，全心全意投入管理国家和社会事务，在依法治国、建设法治国家中发挥地方国家权力机关的应有作用。其次，要想真正解决组成人员素质偏低的问题，不能仅仅依靠组织培训班，更要在换届选举时增加差额比例，推选更多真正具有履职能力的人选，从根本上解决人大代表和常委会组成人员知识结构不合理、素质偏低的问题。[1]同时，人大常委会还应该定期对代表履职情况进行考核，并通过微信、网站等平台将测评结果推送给选民或选民单位，以此督促人大代表履职能力的提升。

---

① 邓清.加强和改进地方人大监督工作研究[J].开封教育学院学报,2019 (11):290-291.

5.注重人民群众的力量

安徽省人大在今后的工作中，应当以对人民高度负责的态度调查研究事实资料，进而获得开展监督的事实依据。站在人民群众的立场上，代表人民群众的意志和利益去观察和思考，坚持走群众路线，这不仅是思想方法，也是工作方法，是人大工作与人民群众联系紧密、群众信任的一个重要优势。在调研中，安徽省人大应当充分发挥这个优势，问政于民，问需于民，问计于民，充分了解人民群众的愿望和要求，集中人民群众的智慧和创造力，凝聚人民群众推动科学发展的力量；调查研究政策法律资料，获得"依法监督"的法律依据。要坚持全过程人民民主，从人民群众那里获取监督的动力、智慧和办法，同人民群众保持密切联系，通过调研、咨询、公开、反馈等多种方式听取人民群众对监督事项的意见，积极回应人民群众的呼声，做到民有所呼，我有所应。

五、结语

法治安徽建设要求安徽省人大及其常委会必须坚持以习近平新时代中国特色社会主义思想为指导，全面贯彻党中央决策部署及省委工作要求，把深入学习贯彻习近平法治思想同学习贯彻习近平总书记"七一"重要讲话精神、考察安徽重要讲话指示精神结合起来，紧密联系实际，紧贴职责职能。在立法工作上，要加快相关地方立法，依法保障改革创新举措先行先试，切实以良法促发展保善治，主动将立法服务于经济社会发展大局。在监督工作上，要强化备案审查制度和能力建设，加大关系群众切身利益的重点领域执法监督力度，加强对司法活动的监督，提高对法律法规实施的监督水平、制度规范执行水平。

《法治安徽建设规划（2021—2025年）》为推进法治安徽、法治政府、法治社会一体化建设提出了明确的规划，对安徽省人大及其常委会的未来工作也具有一定的指向作用。安徽省人大及其常委会应当积极把习近平总书记博大精深的法治思想转化为厉行法治的强大动力，把宏伟壮阔的法治蓝图转化为法治安徽建设的生动实践，把科学系统的部署要求转化为具体实在的工作成效，为建设新阶段现代化美好安徽提供有力法治保障。

（宫红玉　王宇松）

安徽省依法行政总结报告
（2014—2019）

一、引言

习近平总书记指出："全面依法治国是一个系统工程，要整体谋划，更加注重系统性、整体性、协同性。法治政府建设是重点任务和主体工程，要率先突破，用法治给行政权力定规矩、划界限，规范行政决策程序，加快转变政府职能。"法律的生命力在于实施，法律的权威也在于实施。作为法治政府建设最重要、最基本的要求，依法行政既是全面推进依法治国基本方略的重要组成部分和关键，也是人民民主的要求，是建设社会主义市场经济的客观需要，是全面从严治党，建设廉洁、勤政、务实、高效政府的根本要求。各级政府和行政机关作为最大量的法律实施主体，只有在实践中严格执行法律，才能彰显法律的权威和价值。政府奉行法治、建设法治政府，必须依法行政。

二、安徽省依法行政工作的发展成就

2014年至2019年，在党中央、国务院及中共安徽省委的坚强领导下，全省各级行政机关始终坚持以习近平新时代中国特色社会主义思想为指导，全面贯彻落实党的十八大、十九大精神，坚持稳中求进的工作总基调，有效应对外部环境深刻变化，改革创新，不断转变政府职能，牢牢把握法治政府建设的重点任务和目标方向，深入推进依法行政，政府工作法治化、规范化、科学化水平不断提升。

（一）政府立法工作

立法工作是依法行政工作的基础和关键，也是依法行政工作的基石。2014年以来，安徽省始终坚持科学立法、民主立法，不断创新立法工作机制，行政立法工作的质量和水平逐年提升，政府立法在全面深化改革中的引领和推动作用日益凸显，法治政府建设加快推进。

1.进一步完善立法工作机制

安徽省政府创新立法起草模式，完善立法调研机制，建立政府立法基层联系点制度，广泛征求社会公众意见，让立法能够充分反映民意、凝聚民智。完善立法论证机制，不断增强立法的针对性、科学性和严谨性。加强立法协商，主动征求省政协对地方性法规和政府规章草案的意见。

2.加强重点领域立法

始终以省委、省政府为中心开展工作，着力在促进创新社会治理、保障和改善民生、保护生态环境、优化营商环境、军民融合发展、加强政府自身建设等领域开展立法工作。

3.深入推进省政府文件清理工作

2014年以来，安徽省政府对地方性法规和省政府规章进行全面清理，组织涉及取消和减少证明事项、"放管服"改革、民营经济发展、生态环境保护、知识产权保护、著名商标保护制度、排除和限制竞争、行政审批、机构改革的地方性法规、规范性文件清理，全面部署开展证明事项清理工作。

4.加强规章和规范性文件审查

2014年以来，安徽省关键性行政执法部门加强了本部门规章和规范性文件的审查和备案工作。加强对规范性文件的监督管理，规范合法性审查事项的受理、审查、意见出具等流程，做到应审尽审。保证规范性文件内容合法，杜绝非法设定行政许可、行政处罚、行政强制事项，杜绝减损公民、法人和其他组织的合法权益或增加其义务。

（二）清单编制工作

自2014年安徽省首创以"权力与责任相互对应，权力清单与责任清单深度融合"为主要特点的权责清单"安徽模式"以来，安徽省实现了行政权力的持续精简和权责清单的优化完善，确保了权责清单的权威性、时效性和准确性。

1.坚持权责一致

各级政府、各部门对照权力清单，结合权力事项的运行过程，逐条列明责任事项和追责依据，形成权责统一。统一工作标准，确保省级和试点市的清单上下一致，做到各试点市的清单横向一致。

2.深入优化和精简权力清单

2014年各级政府、各部门对行政权力事项进行自查梳理，精简权力事项，逐条逐项分类登记，以列举方式形成清单。2017年在深入推进"放管服"改革的背景下，着重将优化政府权力清单的工作重心放在精简上。

3.探索创新清单制度

安徽省不断对政府权力清单、责任清单、涉企收费清单进行优化升级，探索建立公共服务清单和行政权力中介服务清单，形成"3+2"清单制度体系，并在省级6部门和6市6县相应部门组织开展试点工作，逐步将具有安徽特色的政府清单制度予以全面推广。

4.规范清单编制工作

在清单编制过程中，建立有效的督查监管机制。坚持与法律法规立改废释和国务院取消调整事项对应调整，对权责事项作相应调整。对接"互联网+政务服务"工作要求，对权责事项的名称、依据和办理流程等进行规范优化。注重放管结合，对涉及公共安全、生态环境保护等事项进一步细化明确。坚持改革联动，对承担行政职能事业的专项改革涉及的权责事项作进一步规范。

（三）行政决策工作

行政决策是行政行为的起点，也是法治安徽建设的重点。2014年以来安徽省全面推进行政决策法治化进程，以制度规范促进民主决策、科学决策。

1.加强合法性审查工作

2014年以来，省政府法制办增设了合法性审查处，承办省政府重大决策事项合法性审查工作，推动重大事项合法性审查机制全覆盖；建立合法性审查清单制度；完善内部运行规则，加强台账档案及数据库管理，实现审查全程可溯，推动行政规范性文件合法性审核机制全覆盖和省市县三级政府法律顾问全覆盖；定期开展规范性文件异议审查，积极应用法制监督平台实现规范性文件报审报备工作电子化。

2.加强科学民主决策

对公众参与重大行政决策作出具体规定，把公众参与、专家论证、风险评估、合法性审查和集体讨论决定作为重大决策的法定程序。省政府各部门提请省政府研究决定的重大事项，都必须经过深入调查研究以及合法性、必要性、科学性、可行性和可控性评估论证。

3.完善风险评估机制

2017年安徽省政府进一步明确了重大决策风险评估的范围、实施主体、评估程序、评估内容、评估结果运用及责任追究机制。完善公职律师管理制度，推进政府系统公职律师全覆盖，提高了政府决策风险评估的全面性。

（四）行政执法工作

行政执法是行政机关直接对接社会的另一重要途径。在"放管服"的大背景下，安徽省不断深化行政执法制度改革，积极探索和推进基层综合执法制度建设，严格规范执法行为。

1.深入推进行政执法体制改革

试点并推广相对集中的行政处罚权工作，统筹配置行政处罚职能和执法资源。根据不同层级政府的事权和职能，大幅减少执法队伍种类，推动整合同一领域或相近领域执法队伍，实行综合设置。针对长期以来城管"定位不明，权责不清"的问题，积极推进城管执法体制改革。

2.推进综合执法

建立基层综合执法部门，持续推动市场监管重心下移，统一行使市场监管职能，大幅减少县（市、区）执法队伍种类。积极推进五大领域综合执法改革，推动减少执法队伍和执法重心下移。巩固城市管理领域执法体制改革成果，建立市、县（市、区）、乡镇（街道）、村（社区）四级责任网络。

3.聚焦行政执法三项制度

全省各级行政执法机关重大行政执法决定法制审核制度已经基本实现全覆盖，重大行政执法决定法制审核目录清单基本实现全公开。结合安徽实际，与推进行政执法体制改革、编制权利和责任清单等改革任务结合起来，进行高位推动。

4.创新执法制度

2015年省政府指导有关市和省政府有关部门试点建立执法全过程记录、行政执法操作流程、重大执法决定法制审核、行政执法信息化建设和信息共享、行政执法责任制等制度。2016年以信用监管为核心，建立健全异常名录管理和严重违法失信企业名单管理制度，形成失信行为联动响应和失信惩戒机制。

5.强化行政执法人员管理

严格实行执法人员持证上岗和资格管理制度，推行行政执法人员教育培训和考核制度。组织开展省直部门行政执法人员教育培训和全省行政执法人员资格认证统一考试，积极推进行政执法人员、法制审核人员数据库建设，对行政执法人员管理系统中人员信息进行动态调整。

（五）行政权力监督工作

加大社会各方面力量的监督是推动政府依法行政、建设法治政府的重要举措。2014年以来，安徽省政府着力以制度规范形式对政府权力运行进行监督，不断强化行政监督水平，严格规范行政权力运行。

1.主动接受人大、政协监督

认真办理人大代表建议和政协委员提案，主动听取人大建议意见，加强工作督查和问题整改。加强与政协的民主协商，对协商形成的建议案认真研究办理，及时予以回应，逐项认真落实。

2.自觉接受司法监督

支持人民法院依法受理行政案件，鼓励各级行政机关出庭应诉，建立行政机关依法出庭应诉办法和规则，尊重并执行人民法院生效判决。重视人民法院的司法建议、检察院的检察建议。针对公益诉讼改革的相关要求，全面配合和支持公益诉讼工作。

3.切实加强社会监督

健全群众意见收集、办理、反馈工作机制，提升省长热线办理质量。借助2016年建成的各市、县（市、区）政务微博微信系统，不断强化互动和服务功能，认真办理社会各项咨询诉求。强化政府门户网站功能建设，"省长信箱"实现全程电子化流转办理。

4.继续推进审计监督

构建审计监督覆盖体系，加大涉及重大政策、人民群众最现实利益、经济运行、权力运行等的监督力度，强化审计整改措施，加强跟踪问效。加强涉审记录管理，完善审计信息链，采用多种方式，推动单一职务任期审计、事后审计向应审职务任期审计、全过程审计转变。

5.着力加强自我监督

完善政府内部层级监督，健全常态化、长效化监督制度。依法厘清权力边界，严格界定政府权限和责任。完善案卷评查制度，检查行政案件的合法性。高度重视廉政建设，认真巩固"两学一做"学习教育成果，努力纠正"四风"，着力营造风清气正的政治生态和良好氛围。

（六）政务公开工作

深化政务公开对于推进行政体制改革、加强对行政权力监督制约、从源头上防治腐败和提供高效便民服务具有重要意义。安徽省紧紧围绕经济社会发展和群众关注关切，加强政府信息供给，大力推进政务全过程全领域公开，着力提升政务公开的质量和实效。

1.完善行政公开机制

进一步拓展现有行政公开范围，完善政府信息发布、解读、回应机制，实现对决策、执行、管理、服务、结果五个方面的全面公开。围绕省政府中心工作和阶段性重点工作，开设热点专题。建立规范性文件起草过程中公开征求意见制度，积极推进征集结果及采纳情况公开。

2.提高政务公开质量

建立"四同步""五公开"工作机制，提升政策解读效果，规范性文件解读率达100%。在全省率先全面推广全国基层政务公开标准化规范化工作，不断提升基层政务公开标准化规范化水平。

3.创新信息公开方式

全省充分运用大数据、云计算、移动互联网技术，加快推进"互联网+政务"公开模式。各级政府各部门开通政务微博微信,打造政务微博微信"矩阵",加强政府门户网站建设,整合政府网站信息资源,发挥政务信息公开的整体效应。

4.组织开展培训工作

举办全省全面推进政务公开专题培训,邀请省内外政务公开领域的权威专家、知名学者授课。围绕依申请公开受理、办理、答复等环节和相关行政复议、行政诉讼工作,对工作人员进行集中培训。采取第三方机构独立测评、专业机构网上测评和省市双向互评三维连评方式,将日常考核和年度考评相结合,形成全方位考评体系。

(七)队伍建设工作

法治政府建设需要知法懂法用法的专业人才队伍,2014年以来安徽省通过强化法治教育,提升法治思维能力,着力培养了一支执法为民、清正廉洁的行政队伍,积极推进法治政府建设。

1.组织多层次法治业务培训

开设依法行政、领导干部法治思维培养等课程,将依法行政纳入公务员初任培训和科级任职培训必修课程。积极组织公职人员旁听职务犯罪庭审活动,举行公职人员学法用法在线考试。

2.加强法治素养教育工作

把法治教育列入公务员初任培训、任职培训、专题培训计划,列入各级党校、行政学院、公务员培训机构和"三学院两基地"教学课程体系。开展全省行政机关公务员学法用法考试。坚持对提请人大常委会决定的任命干部进行任前法律知识考试。

3.重视领导干部依法行政培训

将加强对领导干部依法行政培训作为干部教育培训的重要内容，列入年度工作计划，纳入重要教学内容。举办全省领导干部专题培训班，组织开展全省行政诉讼法专题培训。

（八）行政审批制度改革工作

行政审批是行政机关对接社会的一个重要途径。2014年以来安徽省根据国务院有关规定，以深入推进"放管服"改革为总抓手，深化审批制度改革，规范行政审批行为，改进审批工作。

1.建立协同审批机制

安徽省各级行政审批机关推行跨部门协同审批，将行政审批职能集中到政务服务中心"一个窗口"受理，对明确需要联合审批的事项实行"一口受理、抄告相关、同时办理、限时办结"。认真落实联合审批超时和缺席"责任追究制"，明确了相关不作为行为的责任。

2.优化审批办理流程

全省实现三级相关政府部门行政审批事项全流程网上办理、并联审批、限时办结、信息共享、业务协同和即时电子监察，形成一体化新型政府服务模式；结合政务服务改善营商环境专项行动，进一步优化办事创业和营商环境。重点推动业务量大、群众办事频密、往返次数多的服务事项流程再造，完善基层综合便民服务平台功能。

3.健全政务服务监督机制

加大行政审批信息公开力度。以"双随机、一公开"为原则，积极推进综合监管和检查处罚信息公开。加强下放权力的监督，对下放的权力运行状况予以跟踪督察。

(九)普法宣传工作

2014年以来，安徽省从省政府到各个厅局都将普法工作作为一项重要工作抓实抓细，在全社会广泛、持续、深入开展法治宣传教育，着力提升全民的法治意识、法治思维和法治实践能力，推进各项工作的法制化进程，进而推进"法治安徽"建设。

1.打造全方位普法教育格局

组织开展全省广大学生"学宪法讲宪法"活动，在全省开展青少年法治宣传月活动，广泛宣传与青少年权益保护相关的法律法规。建设法治宣传教育基地、法治公园（广场、长廊），广泛开展各项法治宣传教育活动。其中，凤阳县小岗村获评国家级法治宣传教育基地。

2.健全普法教育宣传机制

建立具有安徽特色的法治宣传教育体系，将法治宣传教育作为目标管理绩效考核、综治考核、文明创建考核的重要内容，要求各责任主体建立普法清单制度和普法需求研判机制，将考核结果运用到实处，将法治宣传教育渗透到执法办案的全过程。

3.推进法治宣传教育创新

多部门联合建立普法案例库、案例视频集等，广泛开展以案说法、以案释法活动。招募普法志愿者，面向社会大众开展各类法治宣传、法律咨询、法治讲座、法治文艺演出和法律服务等活动。

4.构建全面普法宣传主体

充分利用报纸、刊物、广播、电视、门户网站、微博、微信、手机报等各类载体，持续深入开展依法行政宣传教育。积极开拓新的普法领域，全省大量普法政务网易号集体入驻，全年编发《政府法制建设》《安徽法制》。

5.深入打造普法安徽品牌

充分利用"12·4"宪法宣传日、"江淮普法行"等具有安徽特色的普法品牌，深入开展法治讲座、法律咨询、赠送法律书籍等活动。积极开发新的普法品牌，成立安徽省"法润江淮"普法志愿者总队。

三、安徽省依法行政工作的发展不足

2014年以来，安徽省深入推进依法行政工作，并取得了显著的成就，法治化、规范化、科学化水平不断提升，法治政府建设取得积极进展。但安徽省各级政府在依法行政的过程中仍有顽疾未得到有效解决，一些新问题的出现也影响着依法行政工作的开展，制约着政府依法行政的水平。

（一）程序违法现象仍然较为普遍

行政程序的合法性是法治政府建设的重要环节。在政府依法行政的过程中，行政执法人员应该时刻树牢程序意识。依法行政要求的不仅仅是行政执法人员在执法工作中要符合实体法的规定，也要求行政执法人员在执法过程中应当把程序法和实体法放在同等重要的法律地位上，以避免因行政执法活动违反程序法而导致实体法的无效执行。然而，近年来，在执法实践中程序违法现象依然层出不穷。加之《行政程序

法》至今都没有出台，行政执法人员在执法中常常以实体法规作为行政执法依据，在执法过程中存在较大自由裁量权①。部分行政执法人员没有程序违法意识，缺乏对履行告知程序的重视。比如，行政主体在做出行政处罚前应当履行法律所规定的告知程序，但在实际执法中部分行政执法人员却并没有进行相应的告知，而是直接进行处罚。又如，涉及听证、鉴定、评估等作为行政行为的重要程序，必须严格按照法律程序履行告知义务。这些漠视程序和不重视程序的现象，严重制约着政府的依法行政水平。

2021年江苏省细化行政执法程序要求，推动行政执法规范化建设的做法值得我们参考。江苏省制定《行政处罚法》适用指南，修订《江苏省行政处罚听证程序规定》，细化完善了行政处罚听证程序。严格落实行政执法"三项制度"，做到执法信息公开透明、执法全过程留痕、执法决定合法有效。汇编全省行政执法典型案例（第一批），通过加强典型案例指导，促进严格规范公正文明执法。

（二）行政执法队伍素质有待提升

虽然近年来安徽省一直注重行政执法队伍素质的培养，但由于干部群众自身素质、普法实际效果和人治观念根深蒂固等原因，行政执法队伍的素质仍有待进一步提升。首先，由于相关法律知识的缺失，存在行政执法人员不能正确理解"依法行政"中"法"的内涵，严重影响行政执法部门的法律素质和依法行政能力的情况。其次，一些行政执法人员由于缺乏较强的责任意识和法律意识，容易滋生行政不作为等情

---

① 高颂. 浅议行政执法中的正当程序[J]. 现代交际,2019(13):42-43.

况。这类行政执法人员以"管理者"自居，没有认识到行政执法人员同时肩负着"服务者"的职责，进而导致行政执法人员和行政相对人之间出现不必要的纠纷与矛盾，不利于良好社会形象的构建。再次，由于传统观念的根深蒂固，法律工具主义观念和特权思想依然存在，"严格立法、普遍违法、选择执法"现象依旧普遍，如把领导的看法、想法、说法当做"基本法"、规定服从领导指示等"唯领导主义"。最后，在具体的行政执法过程中，由于专业素养的缺失，行政执法人员随意执法、法律适用错误或事实认定不清的现象也时有发生，行政执法人员依法办事的自觉性严重不足。行政执法的效果与行政执法队伍的素质密切相关，上述种种现象无一不影响着政府的依法行政水平。

(三) 法定职责不够明确

行政机关各部门之间存在着密切的联系，有时需要结合相应程序来完成多个执法行为，但各部门在协调执法时，却出现推诿扯皮的现象，导致执法行动组织体系不顺畅，大大增加了工作难度。再加上受到复杂、繁琐的程序影响，很难提高执法的时效性，有时甚至还会引发行政不作为现象。以城管拆迁为例，城管拆迁工作需要城建部门认定、城管部门拆除，同时也离不开司法部门取证和公安部门维护秩序。但城管拆迁工作除了城管部门责无旁贷之外，其他部门执行的动力明显不足，进而影响行政执法质量与执法效率。在农业农村工作中，政策与法规冲突的情况也有发生。大量的行政事务并非依据法律法规而是上级行政机关通过行政命令、规范性文件等方式下移至乡镇政府，所以往往同一个问题会有多个部门对此做出规定，造成上级政府的政策文件与法律法规相悖的情况。

（四）监督管理力度仍存不足

一方面，我国现有的执法监督体制机制偏重体制内监督，体制外监督远远不够。而体制内监督如权力机关监督、司法机关监督、行政机关内部监督、执政党监督等近年来虽然已经得到了加强，但仍存在不足。再加上对体制外监督如社会团体监督、社会舆论监督、社会公众监督等的缺乏，又反过来影响着体制内监督的效果。另一方面，从行政行为看，对抽象行政行为而言，仍有一些行政执法人员没有按照法律相关规定，结合相应的法律程序为备案审查提供相应的依据。对于在审查中发现的问题，也没有及时采取措施予以解决。同时，在备案的过程中，很多工作人员被动应付，没有及时将发布的规范性文件上交给上一级政府，备案滞后且具有随意性，导致合法性审查失去价值，形同虚设。对具体行政行为而言，如果没有严格的监督和管理，很难保证行政执法部门较高的执法热情，公民和法人的合法权益保护也会受到一定的影响。只有将行政执法的奖惩制度真正落实到位，并加大监督管理力度，才能确保对行政执法人员的权力进行约束和限制，形成崇尚法治的氛围，加快法治社会建设的步伐。

（五）法治化营商环境有待优化

近年来安徽省聚焦市场主体关切，连续推出500余项改革举措，每年出台稳定经济增长政策，推动安徽省营商环境持续优化和改善。虽然营商环境改善较快，但整体水平与沪苏浙等发达地区相比仍有较大差距。各地在落实《优化营商环境条例》及实施办法上，还存在进展不平衡等问题，各类市场主体也面临经营成本上升、需求收缩等多重压力。

　　放眼外省和国外，许多优化法治化营商环境的做法都值得我们借鉴。如江苏省巩固拓展"放管服"改革成效，全面推进证明事项告知承诺制工作，深入推进"一件事"改革。在全省范围对涉企经营许可事项开展"证照分离"改革。上海市修订本市优化营商环境条例，及时将服务保障经济发展的措施上升为法规条款。多管齐下抓好各项改革政策落地落实，开展优化营商环境专项检查，形成优化营商环境修正建议方案。开展全市营商环境评价，推动以评促改、以评促建。出台本市全面推行证明事项告知承诺制实施方案，制定本市实行告知承诺制的证明事项总目录。深圳市印发《深圳市贯彻〈深圳经济特区优化营商环境条例〉实施方案》，加快推进科技创新、数据、人工智能产业等重点领域前瞻性立法。严格落实市场准入负面清单制度，率先探索个人层面市场主体救治机制。构建信用监管、"互联网+监管"等智慧监管新型机制，探索建立包容审慎监管机制。率先探索个人破产制度改革，成立全国首家个人破产事务管理机构。新加坡从2006年开始连续十次蝉联全球营商环境排名第一，究其原因，首先是政府为企业提供了廉洁高效的政务环境，如简便的注册程序、便利的商用设施和便捷的员工招聘等；其次，出台有针对性、科学性、系统性的税收政策，对不同的工商业提供不同的税收优惠等；再次，发达的融投资服务；最后，立足企业需求，加强政商沟通。新加坡政府鼓励企业家参与积极营商法规的制定与评估，在监管决策时充分征询企业意见①。

四、安徽省依法行政工作的完善建议

针对近年来安徽省依法行政工作中出现的问题，省政府必须坚定以习近平新时代中国特色社会主义思想为指导，坚持稳中求进工作总基调，统筹推动法治政府建设，采取切实有效措施加以解决，持续推动新时代法治安徽建设。

（一）完善行政执法程序

要完善行政执法中的正当程序，前提必须使行政执法程序有法可依。统一的《行政程序法》可以明确行政执法的标准，对行政执法的合法性进行判断，能够有效控制滥用权力的行为。十八届三中全会《决定》强调要"完善行政执法程序"；十八届四中全会《决定》提出"完善行政执法程序，建立执法全过程记录制度"等；《法治政府建设实施纲要（2015—2020年）》也提出了行政执法正当程序五个方面的内容和措施。湖南、江苏、山东等省级政府积极响应国家号召，纷纷制定了本地的《行政程序规定》。②对此，安徽省可以参考其他省份的《行政程序规定》，结合本地实际制定本省的行政程序规定，不仅为行政程序提供地方性法规遵循，也为我国制定统一的行政程序法典做好准备，积累经验。

---

① 王胜,曾晓明,韩晶磊,许子涵.学习新加坡经验,进一步优化海南营商环境[J].今日南,2020(06):32-35.

② 许克.行政执法中的正当程序研究[D].长春:中共吉林省委党校,2017.

要使行政执法正当程序发挥应有的作用，转变行政执法机关及其工作人员的传统理念是关键一环。要打破传统的"重实体、轻程序"的理念，彻底摒弃"程序是一种工具"的落后观念，强化行政执法人员注重程序和实体并重的理念。落实行政执法的正当程序，行政执法人员需要明确法定程序和正当程序的关系，同时也必须保证行政程序约束行政执法人员行为和权力，确保行政执法工作效率。

（二）提高行政执法部门的综合素养

针对行政执法人员"法治观念"缺失等现象，应当建立基层普法教育长效机制和考核监督机制，有效清除行政执法人员的"人治思想"，增强对依法行政就是"依法治官、依法治权"的认识，牢固树立法律权威至上的观念，在发展经济社会事务、协调处理矛盾纠纷时，善于运用法律手段而非依靠行政手段解决问题[1]。"领导干部心中无法、以言代法、以权压法是法治建设的大敌"，针对唯领导主义等现象，应当加大教育培训力度，为各级领导干部开展一系列法律法规方面的培训活动。各级政府要狠抓责任落实，完善行政机关特别是各级领导干部的绩效奖惩体系，如可以将行政执法人员特别是领导干部在日常执法中办理行政行为的质量和数量与其职务晋升、工资增长、绩效发放、奖励与惩罚相挂钩。对于积极为人民群众办事、高效完成行政审批事项的工作人员予以相应的奖励，而对怠于行使职权、推诿扯皮的工作人员给予相应的纪律处分。每一位执法人员都应时刻牢记为人民服

① 吴汉民.提高运用法治思维和法治方式能力[N].人民日报,2013-12-24(07).

务的理念，认识到自己的职责和使命，真正构建为人民服务的体系，更加主动积极地执法为民，征求人民群众的意见和建议，定期与人民群众保持交流和沟通。另外，还要进一步完善选人用人机制，严格控制行政执法人员的录用标准，做到择优录取。

（三）深化综合行政执法体制改革

深化综合行政执法体制改革，既可以理顺行政执法体制，也能有效避免多头执法、重复执法的发生。同时，依托于大数据信息技术的发展，推进综合行政执法改革的法治化、标准化、智慧化与精细化，也有利于规范我国行政执法行为并提升行政执法能力[1]。浙江以"大综合一体化"行政执法改革"牵一发动全身"，深入践行"整体政府"理念，"一张脸"面对企业群众，让行政执法从"九龙治水"变为综合监管，形成权责统一、权威高效的行政执法新格局。安徽省可以在结合本省情况的基础上向浙江省学习，把牢"一个口子执法"改革方向，将多个领域执法事项纳入综合行政执法范围，将多个条线行政执法队伍能统尽统，并在此基础上按需向乡镇（街道）赋权，将行政执法力量向基层下沉。进一步理顺应急管理领域综合执法改革事项，深入推进应急管理综合执法改革。进一步理顺部门职责关系，建立府院联动、府检联动工作机制，深化行政执法综合管理监督平台应用。进一步拓宽轻微违法违规行为免罚领域，加强与沪苏浙联合推行免罚清单制度。贯彻实施新修订的行政处罚法，督促各地各部门及

---

① 陈汉忠.基层政府依法行政过程中的主要问题及对策[J].办公室业务,2020（22）:47-48.

时调整行政处罚裁量基准。积极创新行政执法方式，大力推行智慧执法、精准执法、非现场执法，注重运用柔性执法方式。继续深化街道行政执法体制改革，强化街道综合行政执法队伍建设，推动行政执法力量向基层倾斜。

（四）健全行政权力制约和监督体系

从我国目前的执法监督机制来看，加强和完善执法监督机制建设，首要任务是加快体制外执法监督机制建设，只有体制外执法监督机制有效发挥作用，才能反过来不断优化和改善体制内执法监督机制，进而充分发挥两种机制对行政权力的制约和监督作用，坚持把权力运行纳入法治轨道，推动构建严密法治监督体系，促进行政权力公开透明运行。首先，要加快体制外执法监督的相关立法。我国体制外执法监督还没有建立起相应的法律制度体系，安徽省可以在全国范围内先行一步，创新性地制定一些具有可操作性的体制外执法监督的地方性法规和规范性文件等，规范体制外执法监督。其次，不断优化和完善体制内监督与体制外监督的对接机制。正如前文所言，只有实现两种机制的有机统一，行政权力的制约和监督体系才能最有效地发挥作用。为此，必须充分保障监督信息的有效获取，健全政府信息公开制度。广泛听取民意，通过体制外执法的监督将人民群众最关切的问题反映给体制内执法监督机构，并及时予以反馈。最后，完善体制内执法监督分工协作机制。重点理顺权力机关和司法机关对执法监督的分工协作关系，既要提高权力机关执法监督的权威性，也要提高司法机关的相对独立性。

具体而言，安徽省各级政府要严格执行备案审查制度，结合审查中发现的问题，及时制定相应的处理措施。结合自身地方特色，因地制宜出台依法行政细则，增强制度约束性和可行性，避免"上有政策、下有对策"。在政策性较强、资金量较大的决策领域，更要完善相应审批、审计、监督等环节，提高资金绩效，规避腐败风险。加强重大行政处罚的备案制度，作出重大行政处罚的行政机关或组织要及时将情况告知相关部门，以便于及时进行备案审查。加强申诉和检举机制的构建，如果国家机关和相关工作人员没有严格规范自己的行为，公民可以提出申诉或检举。进一步完善行政执法责任制，真正将奖惩制度落实到位[①]。

（五）持续优化法治化营商环境

针对近年来安徽省法治化营商环境建设出现的问题，国内可以对照学习沪苏浙，坚持运用法治思维和法治方式，进一步营造公平公开透明、可预期的法治化营商环境，促进我国国内国际双循环经济的升级发展、RCEP的有效实施。深入开展贴近人民群众的活动，着力解决人民群众反映强烈、涉及面广的法治领域的实际困难和问题。总结提升芜湖试点经验，在全省全面开展依法推进公共政策兑现和政府履约践诺专项行动，全面清查行政机关不履行给付义务行为。严格落实公平竞争审查制度，清理取消企业在资质资格获取、招投标、政府采购、权益保护等方面存在的差别化待遇和限制竞争行为。加强反垄断与反不正当竞争执法工作，依法加强资本监管和知识产权保护。深入实施市场准入负面清单制度，

---

① 卢新.乡镇政府依法行政的困境与路径选择[J].中共济南市委党校学报，2020(01)：42.

严格落实"非禁即入"。进一步加强和规范事中事后监管，深入推进综合监管改革，深化包容审慎监管，在更多领域推行证明事项告知承诺制，推出有关领域不予实施行政强制措施清单、以信用报告替代企业合规证明等制度举措，保护市场主体创新和发展活力。

国外则可以向新加坡学习，提升政府的服务效能。首先，安徽省可以学习借鉴新加坡的亲商理念，依托互联网技术，深入推进"一网办、一门办、一次办和全网通办"，优化行政审批流程；其次，要不断完善政务大数据建设。要进一步打破各级政府部门之间的信息壁垒，建立统一完善的电子信息系统，提供一体化的电子政务，提升政府、公民和企业之间的交流；最后，加强政商沟通，持续做好"四送一服"双千工程，及时收集和有效解决企业反馈的问题，深挖企业在营商过程中所遇到的难点和痛点，提高行政审批的时效性和精准度。

五、结语

对于政府而言，只有不断提高自身的依法行政能力，实现向服务型政府的顺利转变，维护好人民群众的合法权益，才能真正赢得人民群众的满意度。2014年以来，安徽省依法行政工作取得了显著的成就，但一些不容忽视的问题也逐渐暴露出来。为了进一步推动法治安徽政府建设，全省上下必须继续坚持以习近平新时代中国特色社会主义思想为指导，全面贯彻习近平法治思想，深入实施中共中央、国务院《法治政府建设实施纲要（2021—2025年）》，围绕法治建设走在全国前列的目标，推动法治政府建设取得新成效。持续深入推进依法行政，全面建设职能科学、权责法定、执法严明、公正公开、智能高效、廉洁诚信、人民满意的法治政府，以实际行动迎接党的二十大胜利召开。

（肖雨佳　王宇松）

安徽省审判工作总结(2014—2019)

一、引言

习近平总书记指出："努力让人民群众在每一个司法案件中都感受到公平正义"，这是对政法机关提出的努力目标和明确要求，也体现了我国经济社会发展的必然要求和人民群众的殷切期待。要实现这一目标，就必须坚持以习近平新时代中国特色社会主义思想为指导，深入贯彻习近平法治思想，坚持严格公正司法，坚定不移走中国特色社会主义法治道路。

二、安徽省审判工作的发展成就

安徽省各级法院始终坚持以习近平新时代中国特色社会主义思想为指导，认真学习贯彻习近平法治思想，深入落实习近平总书记重要讲话精神，坚持党的领导，做到服务大局、司法为民、公正司法，为平安安徽建设、经济社会发展、法治政府建设等提供了有力的司法保障，较好地履行了宪法和法律赋予的职责。

(一)刑事审判工作

2014年到2019年，安徽省刑事案件量呈下降趋势，在此背景下安徽省各级人民法院狠抓执法办案第一要务，充分发挥审判职能作用，着力进行扫黑除恶专项斗争，为经济社会持续健康发展提供有力司法保障，群众安全感稳步提升。

1.严惩严重危害社会治安犯罪

全面贯彻宽严相济刑事政策，依法惩治刑事犯罪，为群众筑起安全长城。2014年，安徽省各级法院依法审结严重暴力犯罪、侵财型犯罪、黑社会性质组织犯罪案件10147件，判处罪犯15221人，有力维护社会治安秩序。2015年，审结故意杀人、故意伤害、抢劫、强奸、绑架、盗窃、黑社会性质组织等犯罪案件12629件，判处罪犯16633人。2016年，审结故意杀人、故意伤害、抢劫、强奸、绑架、盗窃等犯罪案件12619件，判处罪犯16096人。深入推进扫黑除恶专项斗争，加大惩处"保护伞"力度，审结邢朝刚案等黑恶势力犯罪案件14件201人。2017年，依法严惩严重危害社会治安犯罪，审结故意杀人、抢劫、绑架等严重暴力犯罪案件17456件20515人。2018年，审结故意杀人、抢劫、绑架、爆炸等严重暴力犯罪案件和盗窃、抢夺、诈骗等多发性侵财犯罪案件13923件，判处19076人。2019年，审结杀人、抢劫、重伤等严重犯罪案件675件1173人；审结性侵、拐卖妇女儿童犯罪案件308件408人；依法惩处侵犯人身财产权益犯罪，审结醉酒驾驶、交通肇事等危害公共安全犯罪案件16199件16704人；审结盗窃犯罪案件6777件8492人。

2.严惩贪污贿赂等职务犯罪

持续保持反腐高压态势，刀刃向内，动真碰硬。2014年，审理贪污、贿赂等职务犯罪案件1411件，判处1915人。2015

年，审结贪污贿赂、挪用公款等犯罪案件1181件，判处罪犯1587人。2016年，审结贪污、贿赂案件1961件，判处罪犯2640人，同比分别上升66.1%、66.4%。2017年，审结贪污、贿赂犯罪案件1074件1452人，审结渎职犯罪案件186件260人。2018年，审理贪污、贿赂等犯罪案件946件1285人，其中被告人原为厅级干部的28人。2019年，审结贪污、贿赂等职务犯罪案件708件867人。

安徽省高级人民法院在全国率先出台贪污受贿案件量刑意见，推动反腐败斗争扎实深入开展。各级人民法院始终保持惩治腐败的高压态势，及时审判了陈良纲受贿案、毋保良受贿案等一批有影响力的重大案件，其中"童刚贪污、职务侵占案"入选中央纪委"群众身边的不正之风和腐败问题"十起典型案例。坚持惩罚犯罪与保障人权并重，保持法治定力，匡扶司法正义，在真凶未现的情况下，主动对于英生案提起再审、依法宣告无罪，并向公安机关发出加大侦查力度的建议，真凶3个月后归案；依法对"兴邦"案予以改判，对高尚案予以维持、对王勇案"零口供"定罪，落实罪刑法定、证据裁判，彰显司法权威。

3.严惩涉毒犯罪

坚决亮出禁毒司法利剑，遏制涉毒犯罪高发态势，推动禁毒工作综合治理。安徽省高级人民法院在发挥审判职能的基础上，联合省检察院、省公安厅出台《毒品犯罪案件证据收集审查意见》《关于办理毒品犯罪案件具体适用法律若干问题的指导意见》，认真贯彻省委关于开展禁毒专项行动的统一部署，切实加强毒品犯罪审判工作。2014年，各级法院共审结案件 1833 件，判处 2596 人，加大对毒品犯罪财产刑执行力度，集中执结案件 1516 件，执行到位 1219.10 万元。2015 年，会同有关部门出台办理毒品犯罪案件适用法律的指导意见，审结毒品犯罪案件 3108 件，判处罪犯 4067 人。2016 年，开展禁毒综合治理，审结毒品犯罪案件 2367 件，判处罪犯 3257 人，坚决遏制毒品犯罪蔓延势头。2017 年，审结毒品犯罪案件 2360 件，判处罪犯 2902 人，同比下降 15.96％，毒品犯罪蔓延势头得到有效遏制。①2018 年，审结毒品犯罪案件 1829 件 2473 人。2019 年，审结毒品犯罪案件 1439 件 2191 人。

4.严格规范减刑、假释工作

注重发挥减刑假释制度的社会效果，从严控制职务犯罪、金融犯罪、黑社会性质组织犯罪等罪犯减刑、假释。安徽省严格规范"三类罪犯"减刑、假释及暂予监外执行工作，提高刑罚执行公信力；积极开展专项行动，不断加强未成年人审判、社区矫正等工作，促进社会治安综合治理；2016 年在全国率先建成覆盖全省的减刑、假释网上办案平台，与检察机关、监狱系统全面对接，远程视频开庭，案件网上办理，以公开促规范。

5.加强人权司法保障

强化铁案意识，严格落实罪刑法定、疑罪从无、证据裁判、人权保障等原则，确保无罪的人不受刑事追究。2014 到 2019 年间，安徽省开展刑事百案庭审观摩活动，强化庭审中心意识，充分发挥庭审功能；联合制定排除非法证据操作规

---

① 段春山,武新邦,潘静.各地法院展示打击毒品犯罪成果[EB/OL].http://rmfyb.chinacourt.org/paper/html/2018-06/27/content_140550.htm?div=-1.

程，从源头上防止冤假错案发生；着力提高死刑案件质量，严格控制、准确适用死刑。深入开展重大敏感刑事案件摸排处置工作；坚持公开审判、举证质证、法庭辩论等诉讼制度；严格落实未成年人犯罪记录封存制度，切实解决实践中未成年人犯罪记录和相关记录管理不当导致信息泄露，影响失足未成年人重新回归社会等问题。

2014年，全省法院共宣告无罪19人，对排查出的48件案件，逐案评估风险，制定应对措施，依法妥善处理。2015年，对11名公诉案件被告人、12名自诉案件被告人依法宣告无罪，审结国家赔偿案件197件。2016年，对17名公诉案件被告人和30名自诉案件被告人依法宣告无罪。扩大刑事案件指派辩护范围，依法通知法律援助机构为3521名被告人指派辩护律师。依法审理了全洪伟等操纵28名聋哑人盗窃案，为聋哑被告人指派辩护律师、聘请手语翻译，庭审持续24天，充分听取辩护意见。对664名未成年罪犯适用非监禁刑，帮助失足青少年回归社会、改过自新。审结国家赔偿案件160件，保障权利受到侵害的当事人依法获得赔偿。2017年，对99名公诉案件被告人和95名自诉案件被告人依法判决无罪，依法裁定特赦服刑罪犯1160人。通知法律援助机构为被告人指派辩护律师34222人次，审结国家赔偿案件643件。2018年，对26名公诉案件被告人和8名自诉案件被告人依法宣告无罪。法律援助机构为被告人指派辩护律师12880人次。2019年，裁定特赦九类服刑罪犯1334名，对16名公诉案件被告人和5名自诉案件被告人依法宣告无罪，推进以审判为中心的刑事诉讼制度改革，启动非法证据排除程序155次，证人、鉴定人、侦查人员出庭作证387人次。对19340名被告人依法判处缓刑、管制或免予刑事处罚，对388名少年罪犯适用非监禁刑，发放司法救助款5057万元，缓减免诉讼费4745.5万元。

（二）民商事审判工作

1.服务保障创新发展

做好经济结构调整过程中发生的各类案件审理，注重运用法治思维和法治方式，助力供给侧结构性改革。安徽省法院在审判工作中，坚持调判结合，充分发挥调解的功能作用，成功调处了诉讼标的额达16.80亿元的全柴集团股权转让纠纷案等一批涉案金额大、影响范围广、矛盾对立性强的案件。同时，加强诉调对接，指导各类调解组织诉前化解矛盾纠纷，依法稳妥处置涉及200余名债权人、400余名购房户的淮北商运房地产公司重整案，创新房企破产和解模式，被新华社《国内动态清样》专题刊发；注重保护民营企业合法权益，依法审理涉及民营企业案件；制定《安徽省高级人民法院关于进一步规范涉及企业财产保全工作的意见》，充分运用调解手段化解纠纷，营造大众创业、万众创新的良好司法环境；制定诉讼保全信用担保管理办法，破解中小微企业诉讼难题，为非公经济发展营造良好环境；设立破产清算审判庭、合议庭，建立破产企业识别机制，全面搭建破产企业重整信息平台，妥善化解了滁州霞客重整案等一批有影响的案件。

2014年，审结金融借款、投资融资、商贸物流、股权转让、破产重组及房地产等纠纷案件110324件，服务经济转型升级。2015年，审结投资消费、加工制造、商贸物流等案件

219564件，审结借款、票据、保险、信托等案件11113件，审结企业破产、公司清算、股权转让等案件1682件，审结合同纠纷案件36048件，审结涉企民间借贷纠纷案件10779件。2016年，审结涉及调转促案件2319件，服务经济转型升级。积极参与互联网金融风险专项整治，审结金融案件44739件、民间借贷案件76383件，标的额942.1亿元。加强知识产权司法保护，审结专利、商标、著作权等案件4375件，同比上升41.1%；加大侵权损害赔偿力度，依法审理侵害中粮集团、中鼎橡塑公司等知名企业知识产权案件，优化创新生态，维护创新环境。加强知识产权保护，坚持全面、平等、依法原则，审结涉民营企业案件24730件，在全国率先试点将应收账款债权凭证（合同）流转引入到企业纠纷化解，促进各类所有制经济持续健康发展。2017年，审结破产案件397件，房地产案件89759件，金融、保险、电子商务等案件215894件，土地承包经营权流转等案件6084件，涉民营企业案件107697件。出台保障"一带一路"建设、五大发展行动计划实施等工作意见9个，制定涉金融、房地产、民间借贷、破产等审判工作意见28个。2018年，审理金融借款、保险、证券、民间借贷案件等各类金融案件163712件，审理破产案件104件，审理房地产纠纷案件43872件，有效化解国华能源公司与淮南矿业集团标的额达16.6亿元、跨度长达33年的委托贷款合同纠纷案。审结涉民营企业案件31548件，成功调解合肥海恒公司与上海载和公司等高达1.4亿元的借款合同纠纷，省高院立案复查8件涉民营企业和企业家产权案件，出台司法服务保障民营经济发展意见，发布8个涉民营企业典型案例，让民营企业家专心创业、放心投资、安心经营。2019年，审结股权、信托、借贷等案件165118件，审结破产案件143件，审结房地产纠纷案件45004件。依法平等保护民营企业和企业家合法权益，审结涉民营企业案件101013件，发布20个典型案例，对2013年以来判决生效的400件涉产权案件开展评查。

2.服务保障协调发展

在推进城镇化与新农村建设过程中，依法保障广大农民群众合法权益。2014年，审理农村土地承包经营权流转、涉农征地拆迁等纠纷案件2355件。2015年，审结农村土地承包经营权纠纷案件2953件，审结征地补偿费分配、宅基地纠纷等案件1334件。2016年，审结农村土地承包经营、宅基地纠纷等案件2826件，依法促进农村土地三权分置。审结涉及市政建设、老城区改造、轨道交通施工等征地拆迁行政案件1629件，推进新型城镇化建设。2017年，受理涉农土地案件3181件，审结2845件，依法维护农民土地承包权、经营权和集体经济组织土地所有权等各项权益，盘活农村土地资源，促进新农村建设和农业健康发展。2018年，审结涉及承包地、宅基地"三权分置"、农村"三变"改革等案件4130件。2019年，审结涉及承包地、宅基地"三权分置"等案件4293件。

3.服务保障绿色发展

深入贯彻"绿水青山就是金山银山"理念，注重强化生态环境司法保护，倡导恢复性司法，制裁污染、危害环境类违法行为。2014年，依法审理环境资源类纠纷案件2831件，保护良好的生态环境。2015年，全省101个法院设立了环境审判合议庭，审结资源开发、环境保护等案件5101件。2016年，积极探索补植补种等新型责任承担方式，审结资源开发、污染环境等案件3390件，依法助力打造生态文明建设安徽样板。坚持绿水青山和金山银山一体保护，与省旅游局联合出台保障旅游业健康发展的意见，审结旅游资源纠纷案件845件。依法受理检察机关、社会组织提起的环境公益诉讼案件31件。加强环境司法与环境执法的衔接，审结环保行政案件1757件，筑牢生态安全屏障。2017年，全省126个法院全部设立环境资源审判庭或合议庭，审结环境资源、旅游纠纷案件10805件，依法制裁环境污染行为。2018年，审结环境资源案件13371件，审结检察机关提起环境公益诉讼案件92件、社会组织提起环境公益诉讼8件。依法严惩污染长江"母亲河"行为，判决责令"10·12"案、李闯案两案被告人共投入1960余万元修复受损生态环境；岳西县美丽水电站诉县环境保护行政决定案入选"人民法院环境资源审判保障长江经济带高质量发展典型案例"。2019年，安徽省着力筑牢环境资源司法屏障，审结环境资源案件15512件，审结检察机关、社会组织提起环境公益诉讼案件129件，引入生态环境损害赔偿和修复补偿机制，落实"11+1"长江经济带环境资源审判协作要求，在新安江源头、巢湖沿岸设立生态巡回法庭。

4.服务保障开放发展

加强涉外、涉港澳台案件审理，跨行政区划集中管辖涉外、涉港澳台商事案件，平等保护境内外当事人合法权益。2013年到2017年，五年间全省法院共审结涉外、涉港澳台案件1520件，办理司法协助案件812件，服务保障对外开放。

2018 年，审结涉外、涉港澳台案件 455 件，办理国际司法协作案件 128 件。2019 年，审结涉外、涉港澳台案件 319 件，办理国际司法协作案件 129 件。

5.服务保障共享发展

保障涉诉民生权益，维护人民群众合法利益。2014 年到 2019 年间，安徽省开展家事审判改革，推行专业化审判，探索专业机构协助审理机制；坚持以案释法，强化裁判说理，法官走进中央电视台《法治天下》栏目，点评主审案件，传播法治声音；公开发布行政审判、消费者权益保护、知识产权保护、环境司法保护、旅游司法保护等白皮书，大力弘扬社会主义核心价值观，营造尊法学法守法用法的良好氛围；针对因诉涉诉的困难当事人缓减免诉讼费，发放司法救助金。

2014 年，全省法院审理婚姻家庭、劳动争议、损害赔偿、拖欠农民工工资、民间借贷等涉民生案件 195888 件。2015 年，审结婚姻家庭案件 91019 件，审结消费者权益纠纷案件 58046 件，审结人身损害赔偿、劳动争议、教育医疗纠纷等案件 97340 件，审结赡养纠纷案件 1459 件、留守妇女离婚案件 9717 件、拖欠农民工工资案件 1323 件。2016 年，审结涉及教育医疗、社会保障、人身损害等案件 65207 件，依法保障改善民生。审结劳动争议、拖欠农民工工资等案件 23433 件，追回劳动报酬 6410.7 万元。审结婚姻家庭案件 88360 件，发出人身安全保护令 51 件。加大司法救助力度，缓减免收诉讼费 8275.8 万元，彰显司法人文关怀。2017 年，审结教育就业、社会保障、人身损害赔偿等案件 279706 件，劳动争议、拖欠农民工工资案件 95713 件，追索劳动报酬 2.4 亿元。审结扶贫领域案件 40789 件，为困难当事人缓减免诉讼费 2.7 亿元，发放救助金 1.3 亿元，传递社会主义司法的温暖。2018 年，审结教育、就业、人身损害赔偿、消费者权益保护等案件 64961 件，审理劳动争议案件 21388 件，审结婚姻家庭案件 92934 件，缓减免诉讼费 5663.91 万元。2019 年，审结教育、就业、医疗、养老等案件 89670 件，审结人身损害赔偿案件 47013 件，审结婚姻家庭案件 96056 件，发出人身安全保护令 63 份，审结网络购物、快递服务、网络约车等新类型纠纷案件 41978 件。

（三）监督支持依法行政，助推法治政府建设

1. 发挥行政审判职能，支持和监督行政机关依法行政

针对行政审判案件，安徽省高院自 2014 年开始发布《安徽法院行政案件司法审查报告》，针对行政案件反映的行政执法问题提出意见、建议，促进法治政府建设；妥善审理涉及国有土地上房屋征收与补偿、集体土地征收、社会保障、安全生产、城市管理等方面的行政案件，统筹兼顾支持地方发展与保护行政相对人合法权益；推动落实行政机关负责人出庭应诉制度，强化领导干部依法行政意识，做到"告官要见官、出庭要出声"。

2. 有效化解行政争议，切实维护人民群众合法权益

进一步加大行政诉讼协调工作力度，完善化解行政争议联动机制，推动行政案件和解；依法审查被诉行政行为，扩宽行政案件受案范围，被诉行政行为涉及 70 多个行政管理领域；出台《关于完善行政争议实质性解决机制的意见》，推进行政争议实质性化解，实现行政调解、仲裁、行政裁决、行

政复议、行政诉讼的有机衔接；延伸行政审判职能，与政府法制部门联合举办行政复议和行政诉讼专题研讨会，推进依法行政和实质上化解行政争议向纵深发展。

2014年，全省法院依法审结各类行政案件5811件，行政案件协调率达20.39%。加强非诉行政案件合法性审查，办理案件5990件。依法审理国家赔偿案件74件，决定赔偿金额583.21万元，确保合法权益受到损害的当事人依法得到赔偿。2015年，审结行政案件10004件，行政案件协调和解率达23.9%，提出司法建议620条。2016年，审结行政案件12153件，同比上升21.5%。2017年，受理各类行政诉讼案件14428件，审结12492件，同比分别增长18.72%、21.67%。[①]2018年，审结行政案件13802件，同比上升14.46%。审结国家赔偿案件147件，同比下降16%，行政案件和解撤诉率为22.36%。行政机关负责人出庭应诉率达23.16%，同比上升3.57%。提出司法建议279条，公布10个行政审判典型案例，以案释法。2019年，审结土地征收、市场管理、治安处罚、社会保障等行政案件14177件，同比上升2.7%。行政案件和解撤诉率20.22%，监督行政机关依法行政，行政机关败诉率18.5%，行政机关负责人出庭应诉率54.4%，同比上升31.3个百分点。

---

① 姚庆林.安徽发布2017年行政诉讼案件报告"民告官"胜诉率略有升高[EB/OL].http://m.xinhuanet.com/ah/2018-05/06/c_1122789826.htm.

三、安徽省审判工作的不足之处

（一）少数案件审判质效不高，社会效果不好，裁判标准不统一

有学者认为，审判质效即审判质量与效率，是一种对争议的国家判断权，审判权的统一行使关系到社会公平正义价值的维系与实现，审判质效的提高也是全面落实司法责任制的现实考虑。[①]部分案件的审判效果与社会效果不统一的原因一定程度上在于司法活动本身即具有一定的局限性，司法活动的滞后性往往导致根据已有证据所认定的事实与实际情况可能存在差异，导致程序上实现公正，实体上未必公正的情况发生。如果放任不管，长此以往可能导致社会对审判工作不信任、不认同，严重损害司法公信力和司法权威。

审判质效是法院工作的重中之重，陕西省安康市中级人民法院审判执行质效综合评价位列陕西省第一的优秀经验值得学习和借鉴。安康市中级人民法院构建了"主要领导亲自抓，分管领导靠前抓，审管办和各部门负责人具体抓"的整体工作格局，出台《目标责任考核实施办法》《基层法院执法办案评价办法》等文件，细化、完善对基层法院、业务部门和办案法官的三级考核评价体系，对员额法官和法官助理严格按办案数量、质量、效率实施有差别的绩效考核，并实行差异化奖励，以此促进和激励审判执行工作良性发展。同时，针对司法实践中常出现因案件移送等造成隐形超期的问题，

---

① 谭波. 全面提高审判质效的制度供给与现实要求——基于全面落实司法责任制的考量[J]. 求是学刊,2020,47(01):113-123.

安康中院有针对性地制定了《安康法院案件移送管理规定》，加强对案件移送等流程节点的规范管理，不断压缩移送周转用时，疏通办案堵点，使审判执行工作呈现高质高效、良性循环的有利态势。

（二）审判管理、监督工作机制有待完善

司法责任制改革要求消除审判权运行中的行政化问题，建立起以法官员额制为核心的权力运行机制。这个过程中，需要发挥院庭长审判监督管理职能，将审判权、审判监督权与审判管理权有机统一，兼顾放权与监督，构建放权有序、责任清晰、监管齐全的司法权力运行机制。然而当前还存在着院庭长监管职责不清、范围宽泛，院庭长审判监督管理效能未充分发挥等问题，院庭长审判监管的制度设计也有待进一步明确和细化，实践中则表现为不愿放权、不敢放权；院庭长审判监督管理全程留痕制度、过问案件登记制度还没有得到很好的落实，院庭长指示案件的现象还在一定程度上存在；有的法院员额法官面临的办案压力较大，对院庭长的指导存在找拐杖的依赖心理①。

（三）司法廉政建设有待加强

少数法官工作作风不实、能力不强、行为不规范、不重视司法礼仪，极少数干警特别是少数领导干部贪污受贿、徇私枉法，为民便民的理念不强，主动担当精神不够，损害了法院形象和司法公信力。

---

① 赵雪雁，周晓. 放权之后院庭长的审判监督管理角色定位[J]. 人民司法，2020（13）：10-15.

（四）基层法院人才流失严重，案多人少矛盾突出

在实行立案登记制、诉讼费用降低的背景下，各地法院受理的案件数量均呈不同程度的增长，"案多人少"已成为许多基层法院共同面临的困境。即便通过增加人员编制、建立多元纠纷解决机制、推进办案信息化等措施来缓解压力，但效果十分有限，基层法院及其法官承受着越来越大的压力。基层法院人才流失严重。

（五）缠诉闹访、冲击法院、伤害法官事件时有发生

一些案件当事人及其亲属在案件审理过程中，为了使案件的处理有利于己方，时常通过拉横幅、威胁办案人员、利用媒体炒作等非正常方式，向办案法官施加压力，意图干扰正常的办案活动，以满足个人的无理要求，严重干扰了正常的司法秩序。不愿通过正常的程序反映诉求，对法院的诉讼指引置之不理，企图"以访压法""以闹扰诉"，让案件朝着对自己有利的方向发展。

（六）司法体制改革相关配套措施不够完善

当前，虽然司法体制改革的主要措施已经在全国各类各级司法机构全面落实，但审判领域中以案件超期积压、生效裁判执行困难和司法腐败为表象的司法困境并没有获得实质性改变。同时，省级以下司法机关实行人财物的省级统一管理也许可以解决市、县对于所在地法院、检察院的地方保护性干预，但考虑到现行司法权运行在系统内就存在严重的行政化状态，统一管理措施实施后，可能导致上级司法机关权力的加强，结合已有的请示、批复、审判管理机制，也有可能因此加强上级司法机关对下级司法机构司法过程的干预。

（七）减刑、假释、暂予监外执行案件审理存在监管缺位

审理减刑、假释案件的过程中过于依赖刑罚执行机关报请的材料，实践中仍然一定程度地存在着"唯计分论"的现象，主要表现在过于依赖刑罚执行机关提交的罪犯改造计分考核材料，而没有充分认识到单纯的计分考核并不能全面反映罪犯的真实悔改表现，也没有充分考虑原判认定的犯罪性质、具体情节、社会危害程度、原判刑罚等情形，进而以综合判断罪犯是否确有悔改表现。检察机关、审判机关的职能作用没有得到充分发挥，部分案件审理流于形式，监督缺乏有效手段，导致有的案件关键事实未能查清，矛盾和疑点被放过，甚至一些虚假证据得以蒙混过关，个别案件还引发了负面舆情，造成不良社会影响。

在推进减刑、假释案件实质化审理的过程中，可以学习借鉴云南省法院系统的先进经验，向社会发布减刑、假释案件司法审查白皮书，将减刑、假释案件司法概况和案件特点、信息化建设成效以及办理减刑、假释案件的审理难点、深化减刑、假释案件审判的重点工作等向社会公开。同时，创新监管制度，邀请罪犯原单位人员旁听涉及职务犯罪减刑、假释案件；邀请各民主党派轮流派人旁听减刑、假释案件庭审等。

（八）审判考核体系与司法实践不完全匹配

司法实践的复杂性和差异性导致单一的审判考核指标不能完全适应司法实践。信息化审判管理与司法绩效考核相结合，建立了一整套考核指标和考核体系，相应地催生了司法绩效考核的唯数据化现象。①同时，审判体系的建立可以让各业务庭的庭长和法院院长随时通过审判管理系统来检查法官的办案情况，上级领导也可以据此对法官作出综合评价。但是，司法活动强调法官独立办案，通过电子平台对法官进行精细的监督，可能使法官只考虑如何应付领导的监督，进而影响法官运用自己的知识和经验独立判案。此外，在司法实践中，各地区实际情况存在一定差异，粗暴地以同一的数据指标进行考核忽略了各地司法环境的差异，长此以往将影响法官工作状态，加剧地区间的差异。最后，以年度为评比周期的模式导致年底立案难，尽管最高人民法院针对该问题进行了专项整治，但并未从根源上解决问题，年底立案难现象依旧突出。

四、安徽省审判工作的完善建议

（一）始终坚持党的领导，自觉接受各方监督

党的领导是做好法院工作的根本保证。一方面，全省法院应当认真贯彻党的路线方针政策，不折不扣落实中央、省委的重大决策部署，正确处理坚持党的领导与依法独立公正行使审判权之间的关系，及时向党委请示报告法院重大工作事项，始终把法院工作置于党的领导之下。另一方面，牢固树立监督就是重视、就是关心、就是支持的理念，主动接受人大、政协及社会各界的监督。

---

① 蔡舒眉.复合型管理：基层法院审判管理机制的实证研究[D].长春：吉林大学，2020.

（二）不断加强自身建设，内树素质、外树形象

强化职责意识和程序指引，建立权力清单和履职指引制度，明确应当由院长、审委会决定的重大事项和可以由法官决定的事项，并分别规定相应责任。把司法队伍建设摆在更加突出位置，加强业务培训，坚持从严教育、从严管理、从严监督，持续推进队伍思想、业务、作风和廉政建设，坚持用党的创新理论武装头脑。

重视发挥司法礼仪的作用，强化法庭庄严氛围，树立法官形象。伯尔曼认为，"法律像宗教一样起源于公开仪式，这种仪式一旦终止，法律便丧失其生命力。"①标准规范的司法礼仪能够营造庄严的诉讼氛围，增强司法公信力。安徽省在规范司法礼仪方面取得了一定的成就，但与其他省比较而言还有提升的空间。如早在2011年，贵州省高院就建立了规范司法礼仪制度，即根据最高人民法院颁发的《法官职业道德基本准则》《法官行为规范》《人民法院文明用语基本规范》等文件的要求，结合本省实际出台了《贵州省人民法院文明司法礼仪指南》，使得司法礼仪成为贵州法院文化建设的一个重要组成部分，有效提升司法公信力。

（三）完善类案参考、裁判指引等工作机制，建立类案及关联案件强制检索机制

2010年11月最高人民法院出台《关于案例指导工作的规定》，明确规定了由最高人民法院统一发布具有指导性的案例，各级人民法院审判类似案件应当参照，各高级人民法院也应出台参考性案例，辖区法院对类案裁判时应当予以参考。

---

① 伯尔曼.法律与宗教[M].梁志平,译.北京:中国政法大学出版社,2003:23.

2020 年最高人民法院又出台了《关于统一法律适用加强类案检索的指导意见（试行）》，强调了类案检索制度的重要性。严格执行案例指导制度，能够总结审判经验，统一法律适用，通过案例的形式将法律解释得更为明确具体和更具可操作性，指引办案机关与办案人员更好地进行法律适用。同时，类案检索制度又是案例指导制度的深化与发展，推行类案强制检索将在一定程度上减轻"同案不同判"问题的出现。

此外，安徽省各级法院还应加强审判工作的规范化建设，追求"统筹繁简、兼顾质效"，列明每类案件需要查明的事实和法律适用要点，明确各类案件的裁判标准，让法官清晰掌握各种常见案件的裁判尺度，得出裁判指引，从而达到规范司法行为的目的。裁判指引的规范化、类型化也有利于把案件审理带入一定规则之中，统一类案裁判尺度，使得审判过程更加高效[①]。

（四）强化司法作风建设，加强和创新院庭长审判监督管理机制

完善院庭长办案考核机制，注重办案质量和示范效果，将院庭长审判管理监督成效进行量化，避免院庭长为了完成指标而过分追求自身办案数量的功利性办案。将审判管理者与审判权契合起来，结合法院人员分类管理改革，将院庭长的法官身份与行政身份予以区分，将审判性工作和行政性工作予以区分，加快推进审判管理与行政管理的分离，将审判管理权仅限于对审判事务的管理，行政事务由专人负责管理，

---

① 谭波.全面提高审判质效的制度供给与现实要求——基于全面落实司法责任制的考量[J].求是学刊,2020,47(01):113-123.

可探索设立不入额的专司行政事务管理的院庭负责人，实现审判与行政的分离，彻底改变院庭长角色混同问题，逐步消除院庭长因综合性、事务性管理而对法官形成的不必要的影响，提高院庭长审判管理运行效率。根据法院工作实际需要，明确院庭长管理职责清单，为实践具体操作提供指引①。

厘清、分离法院内部的审判事务与非审判事务，并在此基础上按照不同事务所应遵循的逻辑从制度层面明确各种职权的界限范围、行使条件与行权方式。进一步细化院庭长介入案件的流程与方式，明确应当由法官自行单独处理的事项；探索建立司法行政事务管理机构，整合法院系统内非审判职能，将行政事务尽可能集中于该管理机构；继续推进司法人员分类管理，将司法人员分为三类：审判人员、审判辅助人员、司法政务人员。②针对不同种类人员建立不同的管理机制，建立审判工作、行政工作两条线的权力格局。

（五）强化司法廉政建设

认真落实党风廉政建设主体责任和监督责任，逐级签订责任书，切实做到一级抓一级，层层抓落实。扎实开展司法廉洁教育、纪律作风整顿等活动，警示广大干警坚守法治底线，不踩廉洁红线。进一步完善和落实领导干部述职述廉、廉政谈话、廉政监督员等各项制度规定，认真开展审务督察、司法巡查活动，建立法院联网举报平台，构建全方位监督制

---

① 赵雪雁,周晓.放权之后院庭长的审判监督管理角色定位[J].人民司法,2020(13):10-15.

② 徐汉明.论司法权和司法行政事务管理权的分离[J].中国法学,2015(04):84-103.

约体系。

安徽省在强化司法廉洁过程中，可以适当参考借鉴上海市第二人民法院案件廉政回访制度，主动向诉讼参加人回访法官司法廉洁、司法作风等情况，定期汇报回访工作，明确案件廉政回访遵循"及时适时、审访分离、实事求是、程序公正、严格保密"的工作原则，确保当事人如实反映情况。同时，扩大案件廉政回访范围，丰富案件回访方法，坚持因案而异、因人而异，保持案件廉政回访方法的多样性，健全回访考核机制，完善回访监督手段，做到"应访尽访"。

（六）贯彻落实司法改革措施

认真贯彻中央、省委的统一部署，扎实开展司法体制改革试点工作，按时完成涉及法院的年度改革任务。深化审判权运行机制改革，建立完善跨行政区域管辖行政案件制度。改革完善审级制度，明确一审、二审、再审功能定位。推进涉诉信访工作改革，深入落实"诉访分离"、信访终结制度，规范信访秩序。加强司法改革宣传，营造全社会理解、支持、参与改革的良好氛围。

（七）更新审判管理观念，优化审判资源配置

树立"以法官为本、以审判工作为中心"的观念，落实法官级别待遇区别制，通过鼓励法官晋级来提高待遇。将审判资源向审判业务部门倾斜，尤其是向"案多人少"矛盾较为突出的业务部门倾斜。建立案件分类处理机制，均衡审判业务部门工作量，建立案件分类处理机制，均衡审判业务部门工作量。[①]

在法院"案多人少"的背景下，可以优化案件审理方式，建立有约束力的诉答制度，提高证据开示、证据交换的有效性，强化开庭审理前焦点整理的约束性，强化举证时限制度等方式来提高诉讼效率。在诉讼过程外，还应当完善仲裁、调解制度，继续加强普法力度，建立完善多元的纠纷解决机制。

（八）完善优化减刑、假释案件的审理体系

根据《关于加强减刑、假释案件实质化审理的意见》的要求，刑罚执行机关、检察机关、审判机关在各司其职、分工负责、相互配合、相互制约的基础上，共同完成减刑、假释案件的实质化审理。就司法实践而言，刑罚执行机关掌握程序启动权，审判机关居中裁判已经取得广泛共识，但检察机关的职能定位还存在一定模糊。检察机关在减刑、假释案件审理过程中主要承担两方面的职能，一是对减刑、假释案件的审理全过程进行监督，二是由监所检察部门针对案件实体发表意见，行使办案职能。实践中检察机关的办案职能往往被监督职能吸收，仅对案件进行合法性监督，而忽略了办案职能的发挥。刑罚执行机关、审判机关的职务行为合法，也不意味着就应当对罪犯予以减刑、假释。在审理减刑、假释案件的过程中，检察机关既要发挥监督职能，又要发挥办案职能，全面参与减刑、假释案件的办理。

在推进减刑、假释案件实质化审理工作的过程中，安徽

---

① 周超. 基层法院"案多人少"的困境与出路探析——以我国中部地区某基层法院为例[J]. 湖南经济学院学报,2012,28(04):14-19.

省可以借鉴江苏省设立监狱公职律师的经验，赋予监狱公职律师新职能，由监狱公职律师对本监狱内的减刑、假释案件发表意见，发挥监狱公职律师熟悉所在监狱罪犯优势，就罪犯改造表现依法举证质证，积极回应检察意见，破解减刑、假释案件庭审形式化倾向，全面加强实质化审理。

五、结语

2014年到2019年，安徽省各级法院充分发挥审判执行职能，狠抓执法办案第一要务，为平安安徽建设、经济社会持续健康发展提供了有力的司法保障。坚持在党的领导下依法独立行使审判权，注重加强人权保障，发布《安徽法院行政案件司法审查报告》助推依法行政，支持监督法治政府建设。在依法开展审判执行工作中，安徽省也涌现了一批具有安徽特色的品牌行动，如一站式诉讼服务中心、"江淮风暴"专项执行行动等多次被最高人民法院表彰和推介，展现了安徽省各级法院审判工作的高质量发展。在看到工作成就的同时，也应当看到安徽法院工作中存在的问题，在深化司法改革的过程中，仍然要刀刃向内，勇于改革，以壮士断腕的勇气克服弊端与顽疾，助推我国2035年法治国家、法治政府、法治社会的基本建成。

（蔡勇 王宇松）

安徽省检察工作总结（2014—2019）

一、引言

党的十九届六中全会强调，法治兴则国家兴，法治衰则国家乱。全面依法治国是中国特色社会主义的本质要求和重要保障，是国家治理的一场深刻革命，必须坚持走中国特色社会主义法治道路，深入贯彻中国特色社会主义法治理论，必须把体现人民利益、反映人民愿望、维护人民权益、增进人民福祉落实到全面依法治国全过程各领域，保障和促进社会公平正义，努力让人民群众在每一项法律制度、每一个执法决定、每一宗司法案件中都感受到公平正义。在建党百年、人民检察制度创立90周年的历史性时刻，以习近平同志为核心的党中央专门印发《中共中央关于加强新时代检察机关法律监督工作的意见》（以下简称《意见》），这在百年党史中是第一次，在人民检察制度90年发展历程中具有里程碑式的重大意义。当前和今后一个时期，检察机关要紧紧抓住党中央印发《意见》的重大契机和各级党委重视支持《意见》落实的大好形势，深入学习贯彻习近平总书记在党的十九届六中全会上的重要讲话和全会精神，在习近平法治思想指引下，坚持党对政法工作的绝对领导，用党的百年奋斗重大成就和历史经验指引方向、凝聚力量，进一步增强政治自觉、法治自觉、检察自觉，把学习贯彻《意见》作为一项重大政治任务抓紧抓实抓好，努力实现新时代检察机关法律监督工作高质量发展。

2014—2019年，安徽省各级检察机关各项工作取得了显著成绩，立足于法律监督工作本职，实现了检察业务的跨越式发展。本文梳理了安徽省检察机关这六年来的工作成就，在依法起诉刑事犯罪、从严打击职务犯罪、强化监督职能、深入检察改革、加强自身建设、主动接受监督等方面取得的显著成效。但工作中还存在一些不足之处，如检察理论学习、检察公益诉讼、科技强检工作等还需要进一步优化，以期推动安徽省各项检察工作开展顺利、高效进行。

二、安徽省检察工作的发展成就

2014—2019年，安徽省各级检察机关坚持"稳"字当头、进中争先，准确研判形势，积极应对挑战，全力以赴防风险、保稳定、护平安，扎实推动"四大检察"全面协调充分发展，加快推进检察队伍革命化、正规化、专业化、职业化建设，倾力打造新时代安徽检察工作"新三版"，为全面建设现代化五大发展美好安徽提供更加有力的司法保障。

（一）依法起诉刑事犯罪

起诉刑事犯罪是检察工作的核心和重点。2014—2019年，安徽省检察机关坚持在大局中谋划和推进检察工作，准确掌握群众新需求，努力提供服务新举措，及时回应群众新期待，全力维护社会稳定和发展，着力提高人民群众的幸福感和安全感，促进平安安徽建设。

严厉打击刑事犯罪。省检察院出台平安安徽建设指导意见等各项政策文件，健全严重刑事犯罪常态化整治机制，依法履行审查逮捕、审查起诉职能，特别是发挥"捕诉一体"优势。具体工作中，坚持惩治犯罪和保护创新相统一，正确把握法律政策界限，坚持执行法律与执行政策相协调，坚持在办案中监督，在监督中办案。

保障经济稳定发展。服务地方经济发展是检察机关的职责所在，也是落实中央和省委相关要求的生动体现。安徽省检察机关审时度势，密切关注中央和省委关于经济工作的指示精神，为安徽经济发展保驾护航，显示出卓越的经济保障能力。一是加强经济领域风险防控。出台了办理常见经济犯罪指导意见，统一执法尺度，凝聚打击合力，推动地方经济在法治轨道上行稳致远。二是积极服务民营经济发展。持续优化营商环境，着力构建全方位保障体系，提升多维度保护质效。平等保护企业合法权益，不断优化企业发展环境，严厉惩治危害非公企业特别是小微企业发展的各类犯罪行为。

强化司法为民工作。安徽省各级检察机关始终牢记"民生是最大的政治"，检察工作紧扣民生民利保障，紧紧围绕群众关注焦点，深入研判实际难点，及时打通工作堵点，不断强化检察为民措施，全力维护社会和谐稳定。

（二）从严打击职务犯罪

2014年以来，安徽省检察机关坚决贯彻中央和安徽省委关于反腐败工作的部署要求，牢牢把握人民群众对政府廉政的期盼，各级检察机关坚持惩防并举的工作方针，不断加强反腐力度。2018年后，各级检察机关认真贯彻落实《中华人民共和国监察法》和修订后的《中华人民共和国刑事诉讼法》，积极适应侦防转隶后新形势新要求，着力构建检察机关对接监察工作的新机制。

保持反腐高压态势。安徽省各级检察机关在反腐败和职务犯罪的工作中，着力提升办案质效，坚决遏制腐败势头蔓延。几年来，职务犯罪比例持续下降，更好地保障服务队伍的廉洁性和忠诚性。2018年以来，全省三级检察院全部成立办理职务犯罪案件专门机构、专门团队，率先实行捕诉一体，切实提高工作效率。

持续强化犯罪预防。六年来，安徽省检察机关深刻认识到在惩治职务犯罪的同时，不能忽视职务犯罪的预防工作，需要从源头出发，对腐败行为标本兼治。首先，从制度建设上入手，配合修订《安徽省预防职务犯罪工作条例》，牵头制定全省预防工作五年规划，建立健全预防体系。其次，以点构面，以重点领域为突破口。如扎实开展安徽检察预防行、百场讲座进乡村、预防邮路等系列活动。最后，加强对重点领域的研判分析工作，以预防报告的形式向党委、政府、人大提交相关领域的分析报告。

（三）强化法律监督职能

检察机关的监督职能是防止冤假错案的重要防线，也是规范司法流程的重要手段。六年来，安徽省各级检察机关聚焦监督主业，突出监督重点，狠抓规范司法，强力推进、全面实行办案流程监控，常态化开展案件质量评查，办案标准、执法规范进一步严格，追责问责监督机制进一步健全。各级检察院围绕案件审理过程中的突出问题，牢牢把握群众对案件公平正义的期待，全面加强司法过程中的监督检查力度。

持续加强民事审判监督。加大民事检察人力、智力投入，不断提升监督能力水平。坚持裁判结果监督和审判程序监督并重。严厉打击虚假诉讼，重视检察建议的作用发挥，民事审判活动得以规范、合法进行。

稳步开展行政检察监督。加强对生效行政裁判的监督，充分发挥检察建议功能，对办案中发现的行政机关怠于履职、不依法履职情形，及时发出督促履职检察建议。探索建立检察建议公开宣告送达、抄送上级机关、抄送同级人大常委会等制度，推动检察建议做成刚性、做到刚性，促使行政机关严格执法、依法行政。

全面优化刑事诉讼监督。坚持在办案中监督、在监督中办案，着力纠正有案不立、有罪不究、量刑不当、程序违法等情形，监督力度持续加大，监督效果稳步提升。对于刑事执行领域中的减刑、假释、暂予监外执行进行专项检察，大力开展监督立案、监督撤案、纠正漏捕漏诉等专项行动。开展社区服刑人员脱管漏管专项检察，全省社区矫正中心全部设立检察官办公室，监督由"大墙内"向"大墙外"延伸，真正提高了社区矫正的效力。

（四）深入推进检察改革

司法改革是提升司法机关工作能力的关键举措。2014年至2019年，安徽省各级检察机关认真学习贯彻党的检察改革精神，严格按照中央、省委的部署要求，与时俱进推进检察体制改革，不断满足人民群众的新期待、新要求，积极稳妥完成各项改革任务。

推进司法责任制改革。根据最高检《关于完善人民检察院司法责任制若干意见》，安徽省各级检察机关认真贯彻落实检察官办案责任制指导意见，细化检察官权力清单，推行干警执法档案制度。检察官办案责任制度的建立，可以健全司法办案组织，科学界定内部司法办案权限，完善司法办案责任体系，构建公正高效的司法权运行机制和公平合理的司法责任认定、追究机制。做到"谁办案谁负责、谁决定谁负责"，办案整体效率显著提升。

深化以审判为中心的诉讼制度改革。以审判为中心的诉讼制度改革是十八大以来诉讼制度改革的重点内容。这几年来，安徽省各级检察机关坚定改革步伐，锐意攻坚克难，确保各项改革措施落细落实落地。一方面是人员和体制机制的有效整合。2017年全省累计遴选员额检察官3596名，85%检察人员配置到业务部门。另一方面是稳步推进"大部制"改革试点，打造智慧公诉亮点，研发智能辅助办案系统、庭审语音示证系统，推动证据审查的高效便利，同时推行以人工审查和智能审查相结合的审查机制，确保权力得以有效制约。

积极开展公益诉讼工作。党的十八届四中全会提出"探索建立检察机关提起公益诉讼制度"的部署，安徽省检察机关积极响应公益诉讼改革的号召，出台了全国首个省级政府支持公益诉讼的指导意见。检察机关据此主动与行政机关、审判机关加强联络沟通，凝聚改革共识，形成了推进公益诉讼的良好氛围，牢牢把握公益诉讼的内在价值。积极开展公益诉讼试点，试点以来，共办理涉及生态环境和资源保护、国有土地使用权出让、国有财产保护、食品药品安全四大领域公益诉讼案件近千起。

全力配合监察体制改革试点。监察体制改革是 2017 年检察改革的重要内容。安徽省检察机关坚决拥护中央改革决定，提高政治站位，强化大局意识，坚决落实省试点小组工作部署，积极配合完成三级检察院侦防机构调整、职能划转、人员转隶工作。对于过渡期间的工作，开展"三项清理"，积极完成未结案件、在手线索、涉案财物的交接和处理工作。同时，探索建立监察委员会与检察机关办理职务犯罪案件的衔接办法，确保工作平稳过渡、职能有序对接。

（五）加强自身能力建设

2014 年以来，安徽省各级检察机关牢记"打铁必须自身硬"的理念，坚持把自身建设作为基础性、全局性工作，紧密结合形势要求，找差距，补短板。近年来，安徽省检察机关坚持以党建为引领，不断加大对检察队伍建设的投入力度，扎实推进基层检察建设，努力打造一支素质过硬的检察队伍。

以政治建设为统领打造过硬队伍。2014 年以来，安徽省检察机关一直注重强化思想政治建设，坚守初心使命。深入学习贯彻习近平新时代中国特色社会主义思想，扎实开展"不忘初心、牢记使命"主题教育实践活动，促进政法干警增强"四个意识"、坚定"四个自信"，做到"两个维护"，确保检察队伍绝对忠诚。坚持党对检察工作的绝对领导，严格执行中央及省委重大决策部署，强化党组把方向、管大局、保落实作用。严格遵守重大事项请示报告制度，持续开展"严强转"集中整治形式主义、官僚主义专项行动。

以专业化建设为牵引提升司法水平。2014年以来，安徽省各级检察机关高度重视检察队伍的专业化建设，提出一系列专业措施，着力提升司法人员的业务水平。实施专业人才引进、青年人才培养、岗位素质提升和业务专家倍增"四大工程"，固根本，提潜能，强素质。强化干部交流培养，加大上派下挂力度，积极组织检察干警交流挂职促进人才多岗位锻炼。广泛开展岗位练兵、业务竞赛、以赛促学等活动。建立智慧检务、公益诉讼、生态检察三大业务培训基地，健全教、学、练、战一体化教育培训机制，重点提高检察干警把握大局、法律适用、群众工作、科技应用、社会沟通等能力，确保堪当时代重任。

以纪律作风建设为保障推进从严治检。安徽省检察机关注重加强作风建设，坚决贯彻落实管党治党、管检治检主体责任，支持纪检监察机关监督检查、执纪执法，零容忍查处违法违纪检察人员。2018年，安徽省检察机关认真贯彻党中央及省委深化政治巡视的决策部署，充分发挥巡视的利剑作用。准确运用"四种形态"，加强干部监督管理，函询约谈，批评教育。开展"严肃纪律作风、促进规范司法"集中整顿，聚焦突出问题，用身边事教育身边人，警示警戒广大干警以案为鉴、廉洁从检。

（六）主动接受各界监督

主动接受监督是打造阳光检务的重要手段，也是检察机关发现问题解决问题的重要途径之一。2014年至2019年安徽省各级检察院始终坚持检务公开，虚心接受社会各界的广泛监督，有效提升了司法公信力。

自觉接受人大、政协监督。安徽省检察机关坚持向人大、政协报告工作制度，认真落实相关会议决议，不断改进各项工作；围绕省委加强人大工作建设的意见、改进政协民主监督工作的实施意见，分别出台落实措施，不断增强接受监督的主动性和自觉性；全面贯彻落实中央和省委各项会议精神，围绕代表委员意见、建议和提案，逐一抓好落实，逐条做好反馈。

积极拓展社会监督渠道。持续拓展检务公开渠道，社会监督、群众监督形式更为多样、渠道更加畅通。如建成覆盖三级检察院的新闻发言人制度，正式运行微博、微信、手机报、门户网和新闻客户端"五位一体"的新媒体宣传矩阵，省检察院先后荣获中国优秀政法网站、全国检察微博二十强、全国检察新媒体矩阵建设奖等多项荣誉。推进人民监督员制度规范化建设，推动"检察开放日"活动常态化。几年来，安徽省各级检察院始终坚持把检察工作置于有效的监督之下，以外部监督促进检察院依法规范运行，不断增强司法公信力。

三. 安徽省检察工作存在的不足和经验借鉴

虽然安徽省检察工作取得了不菲的成就，但存在的问题也是不容忽视的，需要认真分析总结，并加以改进。

（一）检察理论研究有待深化

全面依法治国，法治理论是重要引领；没有正确的法治理论引领，就不可能有正确的法治实践。面对检察理论与实践的转折、重构和提升，检察工作的每一步实践创新，都迫切需要理论的支撑；检察实践中的各种困惑疑难，都迫切需要理论的引领。近年来，最高检高度重视检察理论研究，采取了一系列有效措施，系统内外参与检察理论研究的主动性和积极性进一步提升，检察理论研究的氛围日益浓厚。但毋庸讳言，2014年至2019年，安徽省各级检察机关的理论研究工作滞后于现实发展的短板依然存在，检察理论供给不足的问题依然存在。我们要反复领会、准确把握加强检察理论研究的基本要求，一步一个脚印向前推进，把检察理论研究这篇大文章做深做实①。

检察机关是司法机关，但是其也需要遵从正确的政治导向，安徽省各级检察机关在深入贯彻学习习近平新时代中国特色社会主义思想，特别是习近平法治思想方面深入浅出，深刻洞察习近平法治思想的深刻意蕴，武装头脑，指导实践，推动安徽省各项检察工作做细、做深、做实。但是，安徽省检察机关在检察理论的研究方面，尤其是对研究目的和任务的认识仍然需要加强。理论是实践的先导，没有很好的理论支撑实践的发展，实践工作也会寸步难行。检察工作是业务性极强的法律工作，涉及到人民群众的切身利益，各级检察机关必须明确自己法律监督机关的职能定位，认真履行法律监督的工作。

（二）检察公益诉讼需要优化

一是办案范围窄，工作开展不平衡，主要涉及地域不平

---

① 做深检察理论研究这篇大文章[N]. 检察日报,2020-04-27(01).

衡的问题①。安徽省各级检察机关检察公益诉讼的案件线索来源较为单一,这也是全国检察机关公益诉讼方面的一个共性问题。其次,安徽省各级检察机关提起的公益诉讼主要涉及食品药品安全、生态环境保护、未成年人和妇女儿童群体利益保护,但是对于英烈权益保护、国有资产保护、土地使用权出让、安全生产、侵犯劳动者权益、互联网数据保护等方面的公益诉讼涉及的不多,这与法律对其具体规定也是分不开的。最后,具体检察公益诉讼工作的开展,也呈现出地域不平衡的问题。

二是诉前具体程序制度不够完善。诉前程序是检察机关提起公益诉讼中的一项必经程序。从2018年的具体公益诉讼的实践可以看出,诉前检察建议的形式过于单一,往往只是通过书面形式向行政机关发送督促检察建议书,而行政机关在收到检察建议后,并未及时采取有效行动,故而导致督促的效果并不理想。民事公益诉讼中,社会组织在接受诉前程序的检察建议督促后往往会迟诉或者不诉,导致诉前程序的作用效果无法体现。更为甚者,没有做好诉前检察建议与起诉书内容上的衔接;检察机关在发送检察建议时往往内容过于简单且不规范,起诉时又增加诸多诉讼请求,致使法院在判决时以检察建议未涉及相关内容而对判决书增加的请求不予支持②。

---

① 参见最高人民检察院检察长张军2019年10月25日在十三届全国人大常委会第十四次会议上回答《最高人民检察院关于公益诉讼检察工作情况的报告》的专题询问时的讲话。

② 王炜.检察机关提起公益诉讼的理论与实践[J].中国青年社会科学,2018,37(01):136-140.

（三）智慧检务工作还需强化

2014 年以来，安徽省各级检察院注重科技兴检、科技强检，大力开展智慧检务工作，安徽检察工作的科技化水平取得了有目共睹的成绩。但毋庸讳言，安徽检察机关的各项业务数字化改革还有待深入。检察大数据战略的提出，是检察机关深入学习贯彻习近平法治思想，贯彻新发展理念、适应信息化时代新趋势的重要举措，也是加快推进检察工作质量变革、效率变革以及动力变革，助推国家治理体系和治理能力现代化的重要途径。客观来说，安徽省检察机关与相邻省份检察机关检察业务的数字化改革还有相当的差距，主要表现在以下几个方面：首先，思想认识不够深入，未能适应社会变革的新形势、新情况。科技对于检察业务工作的重要性安徽省各级检察机关的认识和领会还不够深入，思维转化不够及时，科技赋能意识需要进一步强化。其次，信息来源范围和质量有限，检察业务工作开展的信息化水平有限，降低了办案的质效。安徽省各级检察机关需要重视案件的质量提升，对标先进，注重学习江苏、浙江等先进省市的数字检务经验。最后，在检察数字化改革方面的业务培训和综合应用能力上还有待加强，这是新时代推进检察工作高质量发展的关键环节。

（四）检察建议效力需要细化

检察建议作为"一般法律监督"方式在实践中兴起①，但其法律地位过去很长一段时间一直未被明确。随着它被民事诉讼法所确立，检察建议作为一种正式的法律监督方式的法

---

① 杨书文. 检察建议基本问题研究[J]. 人民检察,2005(9):16-21.

律地位得以确认，《检察官法》和《检察院组织法》也进行了相应的修订。最高人民检察院以此为契机制定了《人民检察院检察建议工作规定》，进一步明确了检察建议的适用范围、程序与法律责任。但对于检察建议与其他法律监督方式的关系及衔接机制的规定还不够清晰，且缺乏相应的制裁性措施，导致实践中的检察建议流于软性，法律监督的效应难以得到充分发挥。在法律已经明确规定的前提下，如何提升检察建议的刚性及法律监督的效果成为一个严肃的问题。安徽省检察建议工作主要存在以下几个问题：首先，目前的检察建议与抗诉、纠正意见等各种监督方式的关系不够清晰。《检察院组织法》第21条规定，人民检察院行使本法第20条规定的法律监督职权，可以进行调查核实，并依法提出抗诉、纠正意见、检察建议。根据该规定，抗诉、纠正意见和检察建议并列，可以理解为三者的平行关系，即三者的适用范围、程序、法律后果等内容应该具有相应的差异性，这也可以解释第21条第2款规定三者的适用范围及其程序需要依照法律有关规定，即法律应对三者的相关内容进行差异化的规定。其次，《检察建议工作规定》第3章调查办理和督促落实规定了检察建议的程序，包括决定、调查、制作、征求意见、送达、抄送、自我撤回、上报等方面。在过去的很长一段时间里，检察建议均是以惜墨如金的姿态出现，这当中比较明显的也是在现实中比较常见的问题是检察建议制作的说理不够充分[1]。最后，检察建议的另一个突出问题是制裁性不足。《检察建议工作规定》规定了检察建议书可以抄送同级党委、政

---

[1] 杜承秀. 行政执法检察建议的缺陷与完善[J]. 政法论丛,2017(2):109-117.

府、纪检监察机关或者被建议单位的上级机关、行政主管部门以及行业自律组织等。该规定中提及所涉问题应当引起有关部门重视的检察建议书，可以进行抄送。哪些方面应当引起相关部门重视？抄送流程如何进行规范？该范围是由最高检察机关统一确定，还是由各级检察机关自行确定？如果是各级检察机关自行确定，又如何能够形成全国性的统一执行标准？而且抄送部门的范围是同时抄送还是选择性抄送？这些问题都需要我们进一步深入思考和研究。

（五）检察权与监察权衔接不够顺畅

国家监察体制改革后，全国设立了四级监察委员会，形成了较为完善的国家监察体系。监察机关代表国家行使监察权，我国的政治体制从之前的"一府两院"结构变成现在的"一府一委两院"结构。2018年修订颁布《中华人民共和国监察法》，明确了调查职务违法犯罪案件是国家监察机关的职责，2018年《中华人民共和国人民检察院组织法》又做出新的规定，司法机关工作人员利用职权实施的侵犯公民权利、损害司法公正的案件由检察机关负责侦查，这就导致监察权与检察权在运行过程中呈现交叉衔接态势。国家监察体制改革全面推行两年多来，我国对职务犯罪案件的打击力度日益加大，监察机关的监察对象实现了全覆盖，构建了权威高效的监察监督体系，反腐败工作取得了良好的政治效果、社会效果与法律效果。但是，安徽省监察机关监督执法权与检察机关法律监督权在具体工作中，还存在衔接不够顺畅的问题。

四、安徽省检察工作的完善建议

（一）深化检察理论研究，推动检察实践高质量发展

知晓检察理论研究的重要性，洞察检察理论研究的目的和任务是其关键所在。检察理论研究历来是以解释和解决问题为导向、以服务实践为其终极目标。当然，检察理论研究的实践导向，并不意味着检察理论研究只能是粗浅的对策研究，不能狭隘地认为该实践是"检察实践"，而要有长远的眼光，将其置于社会主义伟大的"制度实践"中，检察工作的开展实时遵循社会的复杂环境和整体社会运行的模式，为此检察理论工作的研究必须具备相当的深度和广度。我国检察理论研究的基本任务可以概括为"解释问题"与"解决问题"两个维度①。解释问题是先导，是前提。解决问题是目的，是归宿。通过理论研究，寻找检察制度涉及和运作中的普遍性或者特殊性问题，分析其成因、总结其经验、探讨其规律。值得我们注意的是，不仅仅是安徽检察机关乃至全国的检察机关长期存在的一种轻视理论研究的观点，认为开展理论研究并不能解决现实中存在的问题，解释问题固然重要，但目光需要更多地聚焦于如何解决问题。推动安徽检察工作的高质量发展，安徽省各级检察机关必须深入学习检察理论，从解释问题入手，洞悉问题的共性和规律，以解决问题为其最终归宿。这两个维度是考察检察领域工作不同的视角，在实际工作中是不能截然分开的，主要差异在于往往需要找出问题的症结所在（解释问题），才能找出解决问题的具体对策

---

① 万毅. 面向实践的检察理论研究[J]. 人民检察,2019(11):11-13.

（解决问题）。

其次，注重科学的研究方法，坚持理论与实践相结合。既要始终围绕司法检察实践中的具体问题开展研究，也要把研究的落脚点放在解决实际问题上，通过提升研究深度和精度，更好引领、创新检察实践。比如，刑事案件无罪判决较为突出、民事再审检察建议采纳率不高等问题，既给检察理论研究提供了鲜活的样本，也是实践中急需解决的现实问题。这就需要坚持理论研究与办案实践相融合，研究也是办案，是更高层次的业务工作。要结合司法办案实践，加强案例分析和类案研究，不断丰富理论研究方法和成果。同时，通过总结办案规律，研究案件背后深层次的法律、法理、社会治理问题，提升具体案件办理中的证据运用和司法政策运用水平，做到以办案带动研究，以研究促进办案。坚持开放式研究。既要发挥自身优势，围绕理论研究热点、实践难点、办案重点，集体攻关、群策群力，也要善于站在理论高地，立足学术前沿，学习先进经验，积极与法学院校、科研单位建立长效合作机制，共同开展课题研究。

最后，检察理论的研究需要开阔视野。注重历史与现实的碰撞、域内与域外的借鉴。检察制度是司法制度的重要内容，在长期的历史发展过程中，形成了检察一体与检察独立的独特规律。在检察理论研究中，需要坚持走中国特色社会主义检察之路，但也不能忽视域外检察制度发展的普遍经验和规律，闭门造车不如取其精华、去其糟粕。

（二）优化检察公益诉讼，着力保障社会公共利益

如前所述，诉前程序是检察机关向人民法院提起诉讼的一道前置程序，其实施效果如何有赖于诉前程序的各方主体的态度和具体做法，主要涉及诉前程序的相对方。检察机关在提起民事公益诉讼前，应当督促该民事法律关系的直接当事人提起诉讼，只有在该当事人未提起诉讼时，检察院才能为保护社会公共利益向人民法院提起诉讼；检察机关在提起行政公益诉讼前，也应当向该行政机关发出诉前检察建议，督促其纠正相应的违法行为，然后视相关情况来决定是否提起行政公益诉讼。诉前检察建议书的内容必须具体明确，包括对案件事实的描述以及社会公共利益遭受损害的实际情况、要求接收主体履行的具体义务和时间限制、不履行该义务所承担的相应法律后果。更为甚者，诉前检察建议书的内容应当与起诉书的内容保持一致，以保证后续诉讼行为的顺利进行。

此外，可以适当丰富诉讼检察建议的方式。检察公益诉讼会涉及一些复杂的诉讼案件，损害程度大、涉及范围广，具体相当的专业技术性，一份简单的检察建议书很难达到公益诉讼诉前程序的目的。所以本文建议可以适当丰富诉前检察建议的形式和内容，以检察建议书为基础，充分利用新媒体的作用，在官方公众号、微博、网站等平台进行公告。从某种意义上说，这是司法公开的重要构成，也是广泛开展舆论监督的新形式，迫使相关主体履行义务，使检察建议的作用最终落到实处。

（三）强化检察数字改革，助力检察业务高水平开展

安徽省各级检察机关要不断提高思想认识，注重检察工作数字化改革，以科技力量助推检察业务工作的高质量开展。

检察大数据思维是深入贯彻习近平总书记关于加强执法司法制约监督体系建设的重要指示精神，完善检察机关与行政执法机关、公安机关、审判机关、司法行政机关的执法司法信息共享制度，打破"信息孤岛""数据壁垒"，运用大数据、区块链等技术推进跨部门大数据协同办案，拓宽监督管理渠道的一种思维方式。由传统的"数量驱动、个案为主、案卷审查"个案办理式监督，向"质效导向、类案为主、数据赋能"的类案治理式监督转变。在检察工作实践中，线索发现难、监督工作碎片化、监督质效不高等问题不同程度存在。因而需要发挥主观能动性，下大气力打通"数据壁垒"，把大数据作为推动检察工作高质量发展的"桥梁"，努力实现检察监督从个别、偶发、被动、人工的监督转变为全面、系统、主动、智能的监督。打破传统的监督模式，以情报信息引导侦查，将审查、调查、侦查有机衔接，实现部门一体化、集成化作战。检察机关需要运用大数据思维，引领法律监督模式重塑性变革，从破解监督线索发现难、监督工作碎片化等最现实、最突出的难题出发，坚持收集数据与调阅查询数据相结合，建设大数据平台；运用大数据筛查类案，开展批量监督纠正，等等。

比如，近年来，浙江省检察机关抢抓数字化改革机遇，找准检察能动司法新路径，通过"典型个案分析→案发规律梳理→数据共享归集→数据碰撞比对→类案线索研判→移送线索核查→开展精准监督→跟踪督促落实→推动社会治理"的基本路径，大批量类案监督线索被发现，法律监督模式也逐步实现从被动监督到主动监督、从个案监督到类案监督、从单兵作战到内外融合、从监督办案到社会治理的转变，监督质效不断提升。

检察数字化改革的基础是海量数据的存在，没有海量数据的支撑，大数据研判工作就无法展开。实施检察大数据战略的重要条件就是实现数据共享关联。浙江省在这方面做得比较靠前，在浙江省委和省委政法委的领导下，浙江省行政执法数据通过大数据局与检察数据系统实现关联贯通，实现了公安机关的刑事拘留、涉企"挂案"等数据资源共享，并在湖州市开展执法司法数据共享试点，大数据对法律监督的作用充分显现。当然，拓宽数据来源不能靠"等"，也不能仅靠"要"。一方面，要发挥主观能动性，上下一起努力，积极争取各方支持，沟通协调相关部门，努力攻克一个个数据壁垒，畅通数据来源渠道，为大数据监督平台建设创造条件。同时，也要收集和挖掘利用好现有的或能查询到的数据，把监督需求与现有数据串联碰撞起来，实现现有数据资源的开发利用。比如，浙江省检察机关将强制戒毒决定书的数据与刑事判决书的数据进行碰撞比对，成功办理了一系列徇私枉法串案；通过检索增值税抵扣进项税数据，成功办理了"非标油"全链条监督案。另一方面，通过办理批量类案监督，切实解决了老百姓反映强烈的难点、痛点问题，帮助公安、法院、行政机关解决一些很难发现且一时无法解决的难题，通过实战赢得各方认同。由此可见，必须摈弃"先抓数据共享、再抓实战"的错误思想，坚持两手抓。

对标先进，知不足而补足。聚焦数字化改革目标要求，安徽省检察机关要以更强担当引领检察领域数字革命。坚持把数字化改革作为法律监督模式重塑变革的总抓手,紧盯系统完备、规范高效的执法司法制约监督体系建设等重大问题,在凝聚改革共识、谋划监督场景、健全办案机制等方面不断突破,一体推进数字检察重大创新应用全面贯通、集成突破、集中展示,对照数字化改革总时间表,全力推进全省执法司法信息共享试点,深度融入党委政府等"一件事"多跨场景,在推动全省域整体智治、高效协同上打造更多检察标志性成果。

(四)重视检察建议效力的发挥

要着力发挥检察建议的效力,可以从以下几个方面充分开展工作。首先,建立切实可靠的制裁性机制。《检察建议工作规定》第十四条规定,进行调查核实,不得采取限制人身自由和查封、扣押、冻结财产等强制性措施。这条规定充分说明了检察建议权和侦查权、监察权的区别,检察建议被限定在外部调查,从而难以进行关键性取证和采取有较强约束力的强制性措施,这也加剧了检察建议在效力方面的短板。在目前的语境下,要采取切实可行的措施促成检察建议形成较强的法律效力和一定的强制力。向社会公开检察建议是一个可行选择。比如四川省检察院根据"可以公开送达"的授权,专门出台了《四川省检察机关检察建议公开办法(试行)》,明确规定涉及国家利益、社会公共利益和群众切身利益的倾向性、普遍性、典型性问题的检察建议,除不宜公开的,都要以各种方式公开。同时,坚持以公开为原则不公开为例外,相关检察建议均要在最高人民检察院案件信息公开网、本院门户网站、"两微一端"上发布,此类规定进一步对

"可以公开"的范围予以明确，此类公开检察建议的方式将给被建议单位形成有效的社会压力。

其次，有效形成横向与纵向的合力。《检察建议工作规定》第二十条从检察建议所涉问题的重大程度确定其抄送有关部门的边界，而第二十五条从被建议单位在规定期限内经督促无正当理由不整改或整改不到位的角度，确定其报告上级检察机关及通报相关部门甚至提起公益诉讼。该两种情形之下的通报均为可以抄送与通报、报告，但从形成合力的角度，就不应该是可选择性的，而应是更为确定性的。比如对于所有检察建议都应当抄送同级政府或行业自律组织（根据主管机关不同进行确定），至少要让政府系统内部形成对各部门合规性的初步认识及应有重视。在被建议单位不予整改或整改不到位的情况下，如涉及违纪问题，则应当移送监察机关，同时报告上级检察机关，由上级检察机关通报被建议单位的上级机关，以此形成横向与纵向的合力。同时，对于联合发文的方式应该慎用，一是法律监督具有深刻的独立性，在形式上直接与其他机构联合发文弱化了法律监督的外部性。二是联合发文不具有长期性和稳定性。目前的联合发文所针对的事项及内容具有较强的随机性，且各机构的职能与人事均可能会调整，后续的衔接存在难度，不利于法律监督权发挥的稳定性[①]。

在检察建议入法的形势之下，检察建议的法律地位得到确立。但对于检察建议的功能与限度在理论、立法与实践上

---

① 荣晓红.论我国检察建议刚性建设[J].江苏警官学院学报,2019,34(06):16-24.

仍存在分歧，各地、各级检察机关在执行时的标准和强度也都存在差异，这就造成了检察建议落地时的"软化"。但从长远看，检察建议的刚性构建仍需要优化程序、加强制裁、形成合力的长效机制，逐步形成具有独立性和强制约束力的特别法律监督程序，这应该是检察建议的发展方向。

（五）做好监察权与监察权的衔接工作

在国家监察体制改革试点工作开展之前，我国的权力制约体系主要是在纪委的主导下，由行政监察、检察监督和司法监督三个部分组成。然而，这套权力制约体系中的各种机制在运行中暴露出了各自的局限。概言之，主要问题是"同体监督乏力，异体监督缺失，党纪国法断层，监察资源分散，对象难以周延等"[①]。为了解决纪委监督对象狭窄、行政同体监察低效乏力、检察监督公信力缺失、司法监督具有被动性等问题，国家决定开始实施监察体制改革。安徽省各级检察机关为了更好地做好检察工作，要正确理顺检察权和监察权的关系，这是推进新时代检察工作的关键。改革以后，监察委员会和检察院的关系自然成为一个不容回避的问题。有人提出"监察委员会事实上取代检察机关成为了真正意义上的法律监督机关"之说[②]。有人则提出完全相反的观点，认为"监察委员会的成立，没有改变、更不能取代检察机关的法律

---

① 秦前红．困境、改革与出路：从"三驾马车"到国家监察——我国监察体系的宪制思考[J]．中国法律评论，2017（01）：176-182.

② 胡勇．监察体制改革背景下检察机关的再定位与职能调整[J]．法治研究，2017（03）：88-94.

监督机关地位和属性"①。在完善的权力制约机制中，应当设置多元监督主体和多元监督机制。监察体制改革的目的并不是要剥夺检察院的监督权和法律监督机关的地位，而是要通过新设监察委员会来全方位规范和制约公权力的运行。对检察院而言，应以监察体制改革为契机，着力加强和完善自己的监督职能。既然监察委员会和检察院都拥有监督权，那么二者是否构成了权力重叠或者冲突呢？仔细分析不难看出，监察委员会的监督和检察院的监督存在诸多不同之处，监察体制改革并非叠床架屋式的制度浪费②。

检察院对国家工作人员职务犯罪案件自行侦查、自行提起公诉这一制度设计一直广受诟病，这种由检察机关对侦查实施一元化监督的模式存在一些缺陷，即对自行侦查的监督陷入同体监督的困局③。在监察体制改革试点中，检察机关反贪污、反渎职和预防职务犯罪等部门的相关职能被整合至监察委员会，检察机关相应的侦查权也被监察委员会调查权吸收，检察院就不再对此类案件直接行使侦查权，这在某种程度上破解了上述困局。监察委员会成立以后，我国将形成一个新的、更加全面的权力制约体系。在这个体系中，监察委员会和检察院各司其职，分别从不同的角度和层面，以不同的方式实现对公权力的制约。监察委员会作为专门的反腐机

---

① 王玄玮.国家监察体制改革和检察机关的发展[J].人民法治,2017(02):50-53.

② 夏金莱.论监察体制改革背景下的监察权与检察权[J].政治与法律,2017(08):55-64.

③ 刘计划.侦查监督制度的中国模式及其改革[J].中国法学,2014(01):243-265.

构，对所有行使公权力的自然人行使监察监督权，通过约束权力行使者来实现制约公权力的目的。检察院则通过检察权的行使，一方面以分工合作的方式对其他国家机关的权力进行制衡，另一方面直接对其他国家机关的行为进行监督。安徽省各级检察机关在检察体制改革背景下，还需要不断深化监察权与检察权的认识，推动实践工作的顺利进行。

五、结语

总结过去是为了更好地面向未来。安徽省检察机关要进一步加强检察理论学习研究，以检察理论的丰富完善推动检察实践高质量发展，同时将习近平法治思想内化于检察理论研究中，外化于检察业务工作中，锤炼检察人员政治素质品格。要关注检察公益诉讼，着力保障社会公共利益和人民群众合法权益。还需要牢固树立大数据意识和大数据思维，发挥好检察技术一体化工作机制，以"数字革命"驱动新时代法律监督整体提质增效。

滚石上山，不进则退。安徽省各级检察人员要更加自觉对标党和人民群众的新要求新期盼，以更高的标准、更强的担当、更好的意识，依法能动履职，全面深入落实习近平法治思想和《中共中央关于加强新时代检察机关法律监督工作的意见》，以求极致精神向着"止于至善"的目标努力，以检察工作高质量发展服务保障经济社会高质量发展，以实际行动践行检察初心使命。

（方超 王宇松）

安徽省知识产权保护工作
总结（2014—2019）

一、引言

党中央、国务院高度重视知识产权工作，习近平总书记指出，要加强知识产权保护。李克强总理强调，保护知识产权就是保护创新，用好知识产权就能激励创新。《"十三五"安徽省知识产权保护和运用规划》（以下简称《规划》）是贯彻落实五大发展行动计划、深入推进创新型省份建设的重要抓手与支撑，有助于更好地发挥知识产权制度，激励创新的基本保障作用，为加快建设知识产权强省提供有力保障。2014年到2019年，是安徽省实施创新驱动发展战略的关键时期，也是全面建成小康社会决胜阶段。安徽省知识产权系统深入实施知识产权战略，促进知识产权工作融入经济社会发展大局，为全省知识产权实力快速提升提供了有力支撑。

2014年以来安徽省委、省政府认真贯彻落实党中央、国务院决策部署，建立健全知识产权强省建设联席会议制度，重新组建省知识产权局。2019年知识产权战略行动计划目标基本完成，知识产权重要领域和关键环节的改革取得决定性成果，知识产权保护和运用能力得到大幅提升，建成一批知识产权强市、强县，基本建成知识产权强省。这集中体现为知识产权保护环境显著改善、知识产权运用效益充分显现和知识产权综合能力大幅提升。安徽省知识产权综合实力位居全国前列，知识产权事业发展实现新的跨越。

二、安徽省知识产权保护工作的发展成就

2014 年以来，安徽省圆满完成了国家知识产权战略纲要和"十三五"规划确定的主要目标任务。安徽省知识产权系统严格依据《安徽省深入实施知识产权战略行动计划（2014—2020 年）实施方案》开展本省的知识产权保护工作，全面落实省委、省政府各项决策部署，实施创新驱动发展战略，按照激励创造、有效运用、依法保护、科学管理的方针，以促进知识产权与经济社会发展融合为主攻方向，以知识产权服务创新驱动发展为落脚点，聚焦产业，服务企业，提升知识产权保护和运用水平，积极营造良好的知识产权法治环境、市场环境、文化环境，为建设创新型安徽和全面建成小康社会提供有力支撑。

安徽省知识产权局按照省政府的要求，对《规划》的实施情况持续开展评估，全面督查落实，截至 2019 年安徽省知识产权指数总排名全国第七，每万人发明专利拥有量达 11.8 件[①]。安徽省扎实推进知识产权强省工作，顺利完成了知识产权管理机构改革，制定了《2019 年度知识产权强省战略推进

[①] 数据来源于安徽省知识产权强省建设联席会议办公室发布的《2019 年安徽省知识产权发展与保护现状白皮书》。

工作计划》，形成符合本省特点的法院知识产权民事、行政和刑事审判"三合一"改革方案，进一步规范了知识产权海关保护基层一线执法程序，开展了知识产权纠纷检验鉴定技术支撑体系建设试点工作，安徽省企业主导的43项行业标准获工信部批准立项。"十三五"安徽省知识产权保护和运用终期评估显示，安徽省知识产权综合实力位列全国第七名、知识产权行政保护工作绩效考核获全国第四名。

（一）知识产权创造工作

创新是引领发展的第一动力，保护知识产权就是保护创新。安徽省广泛汇聚国内外知识产权创造先进要素，加快打造知识产权创造的源头活水，着力提高社会公众对知识产权创造工作的满意度，推动知识产权高质量发展。

1.知识产权创造量质持续齐升

自2014年以来，安徽省大力发展知识产权的创造工作，在重视知识产权创造量的同时，质量也得以显著提升。2018年安徽省知识产权创造实现新突破，高质量知识产权成果占据主导地位。制定了国内首个《专利质量评价技术规范》地方标准，切实减少低质量专利申请对安徽科创发展的阻碍，一大批高质量知识产权成果为全省经济转型升级提供了有力支撑。专利和商标申请量双双突破二十万，同比分别增长17.9%和23.2%，增速居全国前列。知识产权发展进入快车道，全省市场主体"走出去"的意愿更加强烈，新申请PCT国际专利和马德里商标国际注册也分别比去年增长42.5%和206.4%。

2.深入推进知识产权质量提升工程

2019年安徽省全年共申请专利167039件，其中发明专利申请 62905 件；共获授权专利 82524 件，其中授权发明专利 14958 件。截至 2019 年底，全省累计拥有有效发明专利 74812 件，每万人发明专利拥有量达 11.8 件。全省新申请商标 234339 件，新增注册商标 186040 件，有效注册商标总量达 608523 件。全省共新增地理标志商标 23 件，地理标志商标注册总量达 167 件。"十三五"时期，安徽全省每万人口发明专利拥有量达 15.4 件，有效注册商标 76.9 万件，作品著作权登记总量超 16 万件，植物新品种 763 件，服务创新驱动发展的高价值知识产权大幅增加。

（二）知识产权运用工作

知识产权制度是激励创新、保护创新的制度，创新科技成果必须通过实际运用转化为生产力，才能具有社会价值和市场价值。

1.知识产权运用水平稳步提升

2014 年以来安徽省获批国家知识产权试点示范城市 8 个，合肥市获批国家知识产权运营服务体系建设重点城市，在全国率先开展知识产权信托交易试点，全省知识产权质押融资金额 418.8 亿元，130 个省级专业商标品牌基地主营收入达 1.19 万亿元，知识产权交易运营更加活跃。2018 年安徽省与安徽国元信托有限责任公司、合肥高新区管委会、合肥高新融资担保有限公司合作，选择合肥高新区 3 家科技型企业开展知识产权信托交易试点，助力企业、回馈社会的能力不断增强。在知识产权融资模式上安徽率先实现新突破，121 个地理标志商标有效运用，帮助全省 152.7 万农户和 50.5 万农村贫困人员增收受惠。建立了安徽省知识产权交易中心和江淮知识产权对接交易平台，发布企业技术需求和难题387项，高校科研成果1781项，其中省外科研成果624项，让知识产权成果转化渠道更多、范围更广、效率更高。

2.知识产权运用结出新硕果

2018年安徽技术合同成交额达354.5亿元，较2017年增长31%；其中，省外技术合同4399项，成交额超过190亿元，大量省外先进成果在本省落地转化。2019年安徽省共办理专利权质押贷款910笔，质押金额92.24亿元，居全国第四；办理商标权质押贷款276笔，质押金额30.79亿元。全省使用地理标志商标和专用标志的经营户21.7万个、企业453家，总产值达936.62亿元，共计52.5万农村贫困人口增收受惠。国家知识产权局新认定安徽"国家知识产权示范企业"25家，"国家知识产权优势企业"162家；累计拥有国家知识产权示范企业71家、优势企业357家，国家地理标志保护产品82个，全国版权示范单位7家。在第21届中国专利奖评选中，安徽省有24个项目获奖。

（三）知识产权保护工作

安徽省高度重视知识产权保护工作，深入贯彻实施知识产权强国建设纲要，充分认识知识产权保护的重大意义，以知识产权强省建设为牵引，激发社会创新创造活力，推动实现高质量发展。

1.保护力度持续加大

2015年安徽省全省法院依法调节知识产权民事关系，惩治和震慑知识产权犯罪的力度不断加大。安徽法院1起案件入选最高人民法院公布的"中国法院知识产权司法保护50件典型案例"，1起案件入选国家版权局公布的"打击侵权盗版十大案件"。在知识产权审判工作中，全省法院多管齐下，降低知识产权维权成本，提高知识产权侵权代价，多元化解知识产权纠纷，关口前移，节约诉讼成本，保证权利人诉讼利益。在打击侵权违法行为方面，安徽省也不断增强损害赔偿力度，2017年芜湖市中院审理宜宾五粮液股份有限公司诉肖某侵害商标权纠纷案，根据关联刑事案件证据确定的假酒贩卖数量、单价、支出，核算出侵权人因侵权行为所获利益，以此作为赔偿数额认定依据，据此判赔1300余万元，创下了安徽省知识产权侵权赔偿数额之最。

2.营商环境持续优化

2014年以来，安徽省知识产权保护水平不断提高，知识产权保护社会满意度不断提升。2017年蚌埠两级法院审理了沈靓等4人假冒注册商标案，涉及"耐克""斯伯丁"等国际知名商标，该案入选年度中国法院50件典型知识产权案例，并在首届"中国法院知识产权司法保护成就展"中展出。2018年安徽省创新创造创业的营商环境进一步优化。市场监管总局已同意合肥市申请成立知识产权（合肥）保护中心，建成后将进一步压缩专利审查、确权、维权时间，服务效能将大幅提升。2018年安徽省共查处商标侵权案件3693件，占全国商标侵权案件的11%，有力维护了市场秩序，优化了市场环境。

3.高压打击侵权行为

2019年安徽省深入开展知识产权行政执法"铁拳"行动，知识产权保护工作取得新成效。全省市场监管系统共查处知识产权案件 6437 件，涉案总值达 1560.58 万元，罚没款2337.71 万元，没收违法物品货值 887.14 万元，移送公安机关13 件。全省检察机关共批捕侵犯知识产权犯罪 130 件 241 人，起诉 179 件 429 人。公安机关共立假冒伪劣犯罪案件 499 起，捣毁制假售假窝点 540 处，缴获假冒伪劣商品 15 万余件，涉案金额价值 4.8 亿余元。

（四）知识产权服务工作

党中央、国务院历来高度重视知识产权服务体系建设，着力推动构建知识产权保护中心服务平台。2014 年至 2019 年安徽省持续开展知识产权服务工作，聚焦市场主体创新需求，整合知识产权服务资源，为市场主体提供更加优质、全面、便捷、高效的知识产权服务，知识产权服务能力显著增强。2014 年以来，安徽省知识产权服务业规范化品牌化发展进入快车道，全省建成技术与创新支持中心（TISC）2 家、全国版权示范单位 15 家、全国版权示范园区（基地）2 家、知识产权代理机构 1440 家。2019 年安徽省共有专利代理机构 146 家，法人专利代理机构 67 个，省外专利代理分支机构 79 家，执业专利代理师 341 名，商标代理机构（含律所）828 家，其中合肥代办处共完成专利申请受理 17.96 万余件；专利权质押登记672 件，业务量名列全国第一。

（五）知识产权人才工作

人才是开展知识产权工作的第一资源。吸引人才、激励人才、促进人才合理流动，需要充分调动和发挥各类人才在知识产权创造、运用、保护、管理、服务全链条上的主动性和创造力。2014 年到 2019 年安徽省的知识产权发展基础不断夯实，人才队伍不断壮大，为全省知识产权事业的高速发展提供坚实的人才保障。

1.发展基础不断夯实

2014年以来安徽省获批建成中国（合肥）知识产权保护中心，新增中小学知识产权教育试点示范学校35所，知识产权人才队伍不断壮大，尊重和保护知识产权意识和氛围明显提升。

2.人才队伍不断壮大

2019年全国专利代理师资格考试合肥考点报名首次超过2000人，其中参与专利代理人考前培训班的达线人数创历史新高。截至2019年底，全省已有专利工程师810名，执业专利代理师341名，企业知识产权专员6500多人，覆盖全省近6000家科技型企业和上百家科研院所。

（六）知识产权合作交流工作

加强知识产权合作交流对于营造有利于对外开放的国际环境具有积极促进作用。推动知识产权领域的国内国际合作，有助力安徽省更高效地融入宽松开放的国际环境。

1.对外交流不断丰富

2014年以来安徽省PCT国际专利申请1747件、马德里商标国际注册申请966件，与50多个国家（地区）和组织开展合作交流，成功举办世界制造业大会知识产权运营与保护论坛，建立长三角地区知识产权保护与发展协调机制，知识产权对外合作水平不断提升。2017年安徽省高院扩大对外交流，派员随中国知识产权法官代表团赴法参加"欧盟中国法官进修项目"，探讨中欧知识产权司法实践和诉讼中的重要问题，开拓审判视野。

2.开放步伐不断加快

国内方面，2017年皖江流域中院自发构建以"推进长江经济带发展——皖江知识产权司法保护研讨会"为载体的沟通平台，邀请长江流域部分省市知识产权法官、学者到会商议知识产权司法保护。国际方面，2018年安徽省知识产权合作取得新进展，举办了首届"知问"知识产权国际高峰论坛，与美国、日本及印度、新加坡等"一带一路"国家知识产权专家进行交流研讨，取得了良好效果，企业海外知识产权申请确权的意识显著增强，本省专利和商标的海外申请量大幅增加。

三、安徽省知识产权保护工作的不足和经验借鉴

在安徽省委省政府的领导下，2014年至2019年全省的知识产权保护工作持续推进，为"十三五"（2016—2020年）知识产权规划目标任务的如期完成提供重要保障，也为推动安徽经济社会高质量发展发挥了重要支撑作用。但是，安徽省知识产权的保护工作还存在一些短板，主要表现为：高价值知识产权占比偏低；地方立法相对滞后；知识产权运用和转化效率不高；协同保护水平较低；知识产权执法强度不足；知识产权人才缺口过大。

（一）高价值知识产权占比偏低

党的十八大提出了创新驱动发展战略，强调科技创新在国家发展全局中处于核心地位，因而创造高质量的知识产权也被提升到更重要的位置。2016年12月国务院印发《"十三

五"国家知识产权保护和运用规划》，把"专利质量提升工程"明确列为"提高知识产权质量效益"的重点工作，强调"促进高价值专利的实施"。2014年以来，安徽省积极响应开展了高价值专利培育工作，专利申请量、专利授权量以及年增长量一直处于全国较高水平。安徽省战新产业有效发明专利量快速增长，截至2020年底达1.9万件，其中企业占主导地位，拥有1.4万件；省会城市合肥拥有0.8万件，占全省42.5%。从国家九大战新产业①来看，安徽省新一代信息技术产业和生物产业有效发明专利量最多，新能源汽车产业是安徽最具优势的产业，有效发明专利量在全国的占比稳定在8.5%到9.0%之间，区位熵为3.35，在全国排名第二位②。

但2014年至2019年安徽省的知识产权呈现"多而不优"的特点，尤其是高附加值的工业产权数量少，质量低。多数知识产权仍处于产业链的中低端，更多依靠人力资源而非技术优势，集中体现为企业所拥有的专利、商业秘密在技术上或是不够成熟，尚未形成行业优势；或是企业本身虽已做大，但在关键技术上过于依赖国外技术，缺乏自主创新。知识产权成果从初期的研发再到投入市场，是一个漫长的过程，且伴随着极大的不确定性，使得中小企业可能面临难以承受的巨大风险，而即使是大型企业出于抢占市场或是注重短期效益等考虑，多数企业至多是对现有技术进行集成创新，而对

---

① 即战略性新兴产业，是指以重大技术突破和重大发展需求为基础，对经济社会全局和长远发展具有重大引领带动作用，成长潜力巨大的产业。

② 数据来源于《安徽高价值专利现状与分析》，安徽省知识产权事业发展中心2021年11月21日发布。

于其他的创新趋势或重点领域，可能选择直接的技术引进，而非自主研发。资金投入上，相比于邻省江苏、浙江和上海等，在科技研发经费投入上，安徽省内企业在知识产权的创造过程中常常对部分投资金额大、回报周期长的项目也不敢投资冒险研发。

从区域创新能力来看，安徽省的创新能力相对较弱。根据中国科技发展战略研究小组发布的《中国区域创新能力评价报告》，2014年安徽省的创新能力居全国第9，2019年排名第10，居全国中上游水平，但与邻省如江苏省、上海市等相比，仍有很大上升空间。就知识产权人才而言，安徽省有着明显优势，省内不乏一批卓越的高等院校和科研机构，但是众多技术人才所在的单位与企业和市场的关系并不紧密甚至可能脱节，并且安徽省内高校分布也不均衡，集中于省会城市合肥，而其他城市虽有部分院校，但优势资源匮乏，难以发挥高价值知识产权创造、传播的作用。放眼省外甚至其他发达国家的经验，唯有使各类市场主体创新创造能力显著增强，着力构建以本省企业为主体、高校为补充、市场化为目标的知识产权创造体系，企业、高校院所高价值知识产权协同创造更有效率，才能实现高价值知识产权拥有量大幅增长。

（二）地方立法建设滞后

2014年我国出台了《深入实施国家知识产权战略行动计划（2014—2020年）》，明确提出建设知识产权强国的奋斗目标，推动我国知识产权发展进入新阶段。2015年国家知识产权局又出台了《2015年国家知识产权战略实施推进计划》，明确了我国知识产权工作的发展方向，对其他各项政策也起到指导和规范作用。但是，安徽省当时并未及时制定地方的知识产权发展规划纲要，对知识产权工作缺乏明确的导向、定位和具体的工作措施。

以地方知识产权局实施专利行政处罚权的法律依据为例，其渊源主要是中央和地方两个层级：一是中央层面的《中华人民共和国专利法》《专利法实施细则》等法律、行政法规，规定了行政行为类型和自由裁量幅度；二是地方层面的专利保护立法，如《安徽省专利条例（2015）》，细化规定处罚行为和裁量幅度，邻省的如《上海市专利保护条例（2001）》《江苏省专利促进条例（2019 修正）》《浙江省专利条例（2015）》等。安徽省在细化地方立法方面与其他兄弟省份相比存在明显不足，往往导致错失许多发展机遇。如 2015 年浙江省制定出台《浙江省电子商务领域专利保护指导意见》，为电商专利保护工作提供有效的制度保障，推动浙江省的创新发展。到 2015 年底，浙江省的区域创新水平位居全国第五，其企业技术创新水平位居第三，专利综合实力位居全国第四，是中国首批创新型试点省份。早在 2014 年，辽宁省就正式实施了《辽宁省专利条例》，成立国家知识产权培训（辽宁）基地，对 49 个优秀专利申请项目给予 2450 万元资金补助，对 3757 项发明专利申请项目给予 943.17 万元补助。辽宁省也在同年举办了第九届中国国际专利技术与产品交易会，成交 800 多项自主创新专利技术，交易额 33.8 亿元，创下历史之最。再如为对标浙江省的知识产权协同保护政策部署，浙江省市级政府也出台了涉及执法协作的规范性文件。如 2011 年嘉兴市人民政府办公室转发《市科技局关于嘉兴市创建国家知识产权示范城市工作方案的通知》明确指出，要积极融入长三角知识产权保护协作网，进一步加强区域间的知识产权保护协作，从地方立法层面为省内知识产权工作的开展扫除障碍。

以上省份能够紧密联合实际，科学细化地方立法，推动知识产权保护取得显著成就，其经验值得安徽省学习借鉴，因此安徽省应当在下阶段的工作部署中将《安徽知识产权保护条例》立法调研和《安徽省专利条例》修订调研提上日程，努力通过地方立法工作推动知识产权保护工作迈上新台阶。

（三）知识产权运用和转化效率不高

知识产权运用水平是产业可持续发展竞争力提升的重要影响因素，与知识产权的创造相互促进，是知识产权的价值所在。在市场经济中，成果交易的市场化运作，有利于知识产权成果流转及产业化。然而当前省内知识产权成果交易市场各项机制尚不够健全和规范，2014年以来安徽省知识产权数量多、增幅明显，专利质量有所增强，高新技术产业规模及盈利能力稳步发展，但在知识产权的有效运用方面，仍然存在成果转化渠道不够通畅、区域分布不固定等问题。

2014年以来，安徽知识产权成果转化能力大幅落后于周边兄弟省份，具体表现为资源互通程度不够，技术市场要素资源流动不畅，技术成果转化投融资体系还不完善等。省内高校和科研机构专利实施率普遍不高，尤其是高校及科研院所拥有的专利大都处于休眠状态，没有转化为现实生产力。高校及科研院所的专利成果也一般多处于实验室阶段，距产业化和进入市场还有相当的距离。高校及科研院所的相关人员往往也缺乏关注后续工作进展情况的意愿，因为对其工作的评价标准是其产出的技术成果。此外，省内地区间知识产权运用水平差异较大也是一大痛点，安徽省的知识产权创新资源丰富，分布却极不均衡，更多的优势资源集中在省会合肥、芜湖等城市，而其他地区的科技创新能力相对较低，这种布局也会阻碍安徽省的知识产权成果转化和运用水平。

（四）协同保护水平较低

2019年中共中央、国务院印发《长江三角洲区域一体化发展规划纲要》（简称《纲要》），明确了长三角区域一体化发展需要率先在制度创新、机制优化方面提供示范。依据《纲要》的战略定位，长三角是"区域一体化发展示范区"，长三角区域一体化发展的规划范围包括上海市、江苏省、浙江省、安徽省全域（面积35.8万平方公里），中心城市包括安徽省的合肥、芜湖、马鞍山、铜陵、安庆、滁州、池州、宣城。然而，目前安徽省的知识产权联动协调机制还不够顺畅，存在信息共享平台建设滞后等问题，因此需要借鉴其他省份在协同保护方面的先进经验。

2014年天津市政府与国家知识产权局开展新一轮合作，积极落实京津冀协同发展战略。据2014年天津市知识产权保护状况白皮书统计，2014年天津市专利申请量6.34万件，同比增长4.1%；授权量达到2.64万件，增长6%。全市拥有专利的企业达到8190家，促进2483家企业突破零专利申请，促进52家企业实施《企业知识产权管理规范》国家标准。2017年3月28日，浙江省政府印发《关于新形势下加快知识产权强省建设的实施意见》，强调加快知识产权开放发展步伐的重点是推动完善长三角地区知识产权合作机制，提升区域知识产权战略协同水平。为对标省级部署，2017年7月28日，南通市政府印发《南通市加快建设知识产权强市工作方案（2017—2020年）》，要求积极参与长三角知识产权保护联盟和长三角城市执法协作体系，强化多部门、跨区域的统一保护机制。

为此，安徽省必须立足长三角一体化的战略定位，加快推进长三角区域的知识产权保护协同立法进程，逐步建立完善融通跨区域、跨部门执法协作的运行机制，尽快制定知识产权案件自由裁量基准，加强知识产权执法协作大数据信息监管平台建设等，从地方立法、运行机制、执法程序和信息技术支撑等全过程各方面，系统提升全省的知识产权协同保护的效率和水平。

（五）知识产权执法强度不足

2014年以来安徽省内各执法部门针对侵犯知识产权的严重违法行为开展部分专项执法行动，但少数违法行为仍然屡禁不止。从机构设置上看，安徽省知识产权保护的执法部门比较分散，行政执法、司法部门之间协作配合程度低，在侵犯知识产权违法行为及犯罪的查处、打击、移送等环节尚未形成合力，导致知识产权民事案件数量增多。尚未形成知识产权执法的长效机制，未将有效的执法活动常态化开展，导致知识产权保护强度不足，因此同时期其他省份的执法经验十分值得借鉴。

2014年以来，北京市通过《北京市专利保护和促进条例》《北京市专利资助金管理办法》等法规政策，推动区县行政委托执法，严厉打击侵权行为，搭建了专业知识产权保护运营平台。通过持续的知识产权执法工作的有效开展，至2019

年，北京市专利申请量达22.61万件，其中发明专利申请量12.99万件，发明专利占比全国最优；全市每万人发明专利拥有量、著作权登记量居全国首位。在2019年国家营商环境评价中，北京市"知识产权创造、保护和运用"指标名列全国第一。全市每万人发明专利拥有量达到132件，居全国首位，是全国平均水平的近10倍。上海建立区域内专利权、商标权、版权"三权合一"综合执法、行政管理职能的知识产权局，建立统一知识产权执法队伍，推动上海专利工作试点示范单位、示范园区以及产权优势企业创建活动。截至2014年底，上海市每万人口发明专利拥有量达23件。2016年为迎接G20峰会，进一步营造良好的知识产权保护环境，浙江省"双打办"和"平安浙江"创建工作部署开展知识产权执法工作，浙江省知识产权局全面启动2016年度打击假冒专利行为专项行动和明察暗访活动，这是浙江省近年来参与人数最多、检查范围最广、影响最大、成效最好的一次专利执法行动。在浙江省知识产权局呈报的打击假冒专利行为专项行动工作总结中，也明确要求建立常态化打击假冒专利行为的工作机制，推动创新发展。

上述各省市为优化知识产权执法保护环境，根据其自身情况所采取的相应措施，对安徽省执法工作的完善均有借鉴意义。

（六）知识产权人才缺口过大

人才是发展知识产权事业和建设知识产权强国最基础、最核心、最关键的要素，人才工作的进步为知识产权事业发展提供了有力支撑，然而当前安徽省知识产权人才缺口过大，难以推动实现知识产权"人才链"嵌入知识产权工作全链条。相比于传统产业，知识产权产业对于从业人员的技术水平和自身素质要求更高，高水平人才的规模和质量对于全省知识产权工作发展的意义更加重大。目前安徽省的人才引进制度、相关激励机制尚不完善，对于吸引知识产权人才流入吸引力较弱，企业对于交叉性学科人才的引进和培养呈现乏力，产学研机构对知识产权创造及运用各个环节相关人员的职责划分不够明确，人岗匹配有待优化。

四、安徽省知识产权保护工作的完善建议

蓝图已绘就，奋进正当时。针对安徽省近年知识产权保护工作中存在的问题，安徽省市场监督管理局（知识产权局）在今后的工作中，必须始终坚持以习近平新时代中国特色社会主义思想为指导，紧紧围绕安徽省"十四五"知识产权发展主要指标，全面落实习近平总书记关于知识产权工作的重要指示和对安徽作出的系列重要讲话指示批示精神，主动作为，攻坚克难，推动全省知识产权保护工作再上新台阶。

在实践中，必须立足安徽省新发展阶段，完整、准确、全面贯彻新发展理念，服务和融入新发展格局，以推动高质量发展为主题，以建设创新型知识产权强省为目标，以改革创新为根本动力，全面加强知识产权保护，打通创造、运用、保护、管理和服务全链条，建设法规制度健全、保护严格公正、运行顺畅高效、服务规范便捷、文化自觉自信、开放合作共赢的创新型知识产权强省，为推动安徽经济社会高质量发展提供坚实保障。

安徽省"十四五"知识产权发展主要指标①

序号	主要指标	2020年实现值	2025年目标值	属性
1	每万人口高价值发明专利拥有量（件）②	4.0	力争达到12	预期性
2	知识产权质押融资登记金额（亿元）③	101.32	120	预期性
3	知识产权使用费年进出口额（亿元）	—	130	预期性
4	专利密集型产业增加值占GDP比重（%）	12.2④	14	预期性
5	版权产业增加值占GDP比重（%）	5.12⑤	力争达到7.5	预期性
6	知识产权保护社会满意度（分）	79.56	82	预期性
7	知识产权民事一审案件服判息诉率（%）	—	85	预期性
8	知识产权优势和示范企业数量（家）	379	700	预期性
9	省级知识产权信息公共服务网点（家）	23	80	预期性

① 该指标来源于安徽省政府办公厅发布的《安徽省"十四五"知识产权发展规划》（皖政办秘〔2022〕10号）。

② "每万人口高价值发明专利拥有量"是指每万人口本国居民拥有的经国家知识产权局授权的符合下列任一条件的有效发明专利数量：1. 战略性新兴产业的发明专利；2. 在海外有同族专利权的发明专利；3. 维持年限超过10年的发明专利；4. 实现较高质押融资金额的发明专利；5. 获得国家科学技术奖、中国专利奖的发明专利。

③ "知识产权质押融资登记金额"是指经国家知识产权局登记的知识产权质押融资金额。

④ 为2019年值。

⑤ 为2019年值。

（一）加大高价值知识产权培育和产出

高价值专利培育的主要影响因素包括培育环境、培育人员、培育资源三方面。培育环境包括创新主体的外部政策环境以及内部制度环境；培育人员包括发明人、专利代理人及专利审查员等；培育资源包括资金投入、情报资源、信息化平台等[①]。广东省发布的《高价值专利培育布局工作指南》系列地方标准，是国内首批高价值专利培育布局、知识产权国际合规管理和维权援助工作的地方标准。[②]2015年江苏省在全国范围内率先出台《江苏省高价值专利培育计划组织实施方案》。在高价值专利培育上，南京市知识产权局、南京康尼机电股份有限公司与南京航空航天大学加强合作，形成了具有鲜明的企业特色和院校特色的培育体系。康尼早在2005年便启动实施知识产权战略，2015年至2017年，康尼知识产权经费年均增幅达13%，年度专利申请量增速保持在10%左右，城轨车辆门系统国内市场占有率连年保持50%以上。因此安徽省应当结合省情实际，着力从加大资金支持、强化高价值专利培育和搭建创新平台等方面发力。

1.加大对知识产权创造的财政投入

2018年，安徽省研发投入强度为2.16%，远低于周边发达省份。知识产权作为绝对权，具有无形性、专业性、时间性和地域性的特点，这决定了其前期的研发投入必定高昂，

---

① 马天旗,赵星.高价值专利内涵及受制因素探究[J].中国发明与专利,2018（03）:24-28.

② 广东省市场监督管理局（知识产权局）批准发布DB44/T 2363-2022《高价值专利培育布局工作指南》、DB44/T 2361-2022《企业知识产权国际合规管理规范》、DB44/T 2362-2022《知识产权维权援助工作规范》等三项地方标准。

表现为对资金的极大需求。因此安徽省政府首先要加大知识产权财政资金投入力度，尝试设立高价值知识产权的专项资金，切实保障安徽知识产权强省建设。安徽省政府应当立足省情，根据突破性创新主体和创新发展阶段探索建立支持突破性创新的科研管理新机制，明确项目遴选、支持方式以及机制管理，特别是对于突破性创新发生较多的非共识项目，要建立容错纠错机制，鼓励创新试错，宽容失败，形成较为完整的突破性创新政策体系。

2.强化高价值专利培育

安徽省的知识产权创造工作应从现实需求出发，围绕新能源汽车、机械以及基础设施建设等重点领域，实施一批高价值专利培育项目。福建省为更好创造和构筑先行优势，在全国首创以省市联动方式实施"1+10"专利导航产业发展创新计划，启动实施产业自主知识产权竞争力提升"领航计划"，开展产业重大核心高价值专利培育和布局[①]。至2020年，福建省的知识产权综合发展指数比上年提升2位，跃居全国第7位。因此作为国资大省的安徽，可以结合省情，探索在高校密集的省会合肥布局打造一批专利技术转化中心，以大型企业为主力，积极引导中小企业深度参与高价值专利的培育工作。组织安徽海螺集团、铜陵有色金属集团、中铁四局集团等企业与中国科学技术大学、合肥工业大学开展专利技术对接活动。以安徽省的新能源汽车为例，合肥、芜湖的汽车生产企业及蚌埠的汽车配件生产企业可以通过专利联

---

① 颜志煌.构筑福建知识产权发展先行优势[J].福建质量技术监督,2021(11):8-9.

盟来实现专利权的交叉许可、技术互换和资源共享进而形成新的技术资源，使三地市的企业形成创新合力，提高核心竞争力①。

（二）完善知识产权法规体系

知识产权保护能力的增强有赖于知识产权的全链条保护，必须坚持立法先行，知识产权保护于法有据。在安徽省今后的知识产权保护工作中要着力弥补法律空白，激发创新活力，加快形成本省知识产权法律层面的全链条保护。

一方面要跟踪国家相关领域立法进展，及时修订《安徽省专利条例》《安徽省反不正当竞争条例》以及《安徽省著作权管理办法》。在设立知识产权综合性法律法规方面，深圳在这方面已经走在全国前列。2008年，深圳在全国率先制定《深圳经济特区加强知识产权保护工作若干规定》；2017年，深圳市政府出台了知识产权保护"36条"；2018年底，深圳市人大常委会通过了《深圳经济特区知识产权保护条例》，并于2019年3月1日正式施行，推动实施最严格的知识产权保护制度和快速维权工作机制②。立法工作者应当在充分了解安徽省省情及调查分析的基础上，推动制定安徽省知识产权保护与促进、安徽省著作权保护和促进相关法规。另一方面，安徽作为农业大省，黄山毛峰、太平猴魁、古井贡酒、宣纸、徽墨以及六安瓜片等都是享誉国内外的知名地理标志产品，

---

① 游芳芳,陈忠卫.合芜蚌综合配套改革试验区建设中知识产权保护策略研究——以专利保护为例[J].科技和产业.2011(05):91-96.

② 宓家峰,伊茂林,苏利民,周扬,杨秋云,董娜.知识产权保护"深圳范"[N].淄博日报,2020-06-13(01).

应当加快探索制定地理标志保护、商业秘密保护方面政府规章的步伐，依法及时推动知识产权法规规章立改废释工作，健全知识产权保护法规体系。省政府要牵头，充分动员各市政协和法学会广泛参与到知识产权法规研究的过程中，鼓励各地针对特色产业出台知识产权专项法规规章。

（三）推动知识产权运用

知识产权运用效率的显著提升有赖于转化运用基础的强化和提升。2021年3月《中华人民共和国国民经济和社会发展第十四个五年规划和2035年远景目标纲要》发布，首次在国家五年规划中以专节的形式作出有关知识产权保护运用的规划。2021年的政府工作报告中再次强调加强知识产权保护和运用。

1.破解企业融资难题

安徽省正处于经济发展的新常态，国内知识产权资本化、证券化的浪潮已经袭来，中小企业的融资问题是近年来的热点问题之一。企业通过共同研发或者自主研发的方式，实现发明专利等知识产权，其主要目的有两个，一是形成本企业服务或产品的竞争优势，二是通过该项知识产权来取得直接经济利益。为了达到这两个目的，企业应当注重有效利用知识产权，在第二种情况下知识产权成了商品被直接交易。[①]因此要鼓励安徽省各类企业的知识产权成果产业化，加快制定知识产权抵押担保政策，允许企业利用知识产权贷款、融资，实现知识产权的资本价值。依托安徽科技大市场、文化产权交易所区域知识产权运营交易市场的互联互通，从建立多主

---

① 王爽.我国中小企业知识产权融资研究[D].杭州:浙江大学,2019.

体风险共担机制、完善知识产权质押融资的制度规则以及健全知识产权评估标准等方面，缓解当前存在的知识产权质押融资窘境，助力中小企业发展。

2.提高企业转化效率

企业创造经济效益靠的是专利转化而成的产品，作为知识产权的主要使用者，基于知识产权的排他性，企业战略必须紧紧贴合市场需求，以市场为导向，以价格机制为信号，将科技成果尽快转化成专利。一方面从高校专利成果产业化入手，发挥安徽省高校、科研院所的研发创新作用，与企业强强联手。开展高价值专利的挖掘培育、科技成果转化、校企协同创新、省内外区域交流合作、知识产权实务定向培训等综合服务。加强高校知识产权运用型人才储备，打造专业化转化人才队伍，促进知识产权成果高效投入市场。另一方面，要走好知识产权从实验室到市场的"最后一步"，推进产学研合作的不断下沉，将更多普通院校也纳入产学研沟通平台。促进更多的知识产权资源向现实生产力转化，打造一批具有竞争优势的乡镇"皖企"，在转化环节充分发挥各类院校和县区企业的主观能动性，以"成果转化率"为核心标准，将转化关口不断前移，实现县区成果就地转化，充分激发中小企业知识产权的运用活力。

（四）健全快速高效的协同保护机制

加强知识产权协同保护是营造良好市场环境的前提和基础，针对安徽省在2014年至2019年协同保护工作中的不足，要进一步强化协同保护力度，共同推动构建知识产权"严保护、大保护、快保护、同保护"工作格局。

1. 建立省市机关会商机制

由安徽省知识产权局牵头，成立知识产权协同保护领导小组，并由省公安厅、省高院和省检察院分别指定一名专员对接，围绕省内具有共性和典型意义的前瞻性议题，定期召开研讨会议，并以会议纪要、指导意见等形式固定研究成果，探索形成本省知识产权案件从受理、调解仲裁到行政执法全方位的对接机制。建立省市县三级常态化沟通机制，明确各机关的职能衔接，市级以下各知识产权管理部门要积极向省知识产权局报告本行政区域内各项工作任务的落实进度，逐步建立多样化、常态化的沟通机制。

2. 丰富协同保护载体

安徽省应当立足长三角的区位优势，加快中国（合肥）知识产权保护中心的建设和完善工作，向江浙沪发达地区的协作水平看齐。例如苏州紧紧抓住保护中心建设契机，积极探索知识产权协同保护新模式，以中国（苏州）知识产权保护中心为载体，集聚公检法等部门知识产权保护资源，为企业提供集知识产权授权、确权、维权于一体的知识产权一站式服务。安徽可以以中国（合肥）知识产权保护中心为依托，充分发挥知识产权强省建设联席会议机制作用，为企业提供一站式窗口服务，对接工作的各个环节都要体现部门间的协调，抓严抓实从省级到市县（区）级的落地工作，推动知识产权协同保护纵深发展。

（五）加快健全知识产权执法的法治化

由于行政部门所具备的本地性、专业性和高效性以及因此形成的行政部门与行政相对人之间的紧密联系，知识产权行政保护相对于司法保护有着天然的优势。这关系到知识产权保护之"存在感"和市场经营主体（既包括权利人，也包括非权利人）的"获得感"。因此必须实施高水平知识产权区域执法协作工程，建立专业化的知识产权执法队伍，不断提高知识产权执法的法治化水平。

1.加强区域执法协作

知识产权执法保护是知识产权创造、运用和管理的坚实保障，2014年到2019年，安徽省的知识产权事业不断取得新成绩，在全国的影响力显著提升，尤其是与周边的江浙沪地区相比，差距也不断缩小，但侵权案件也日益增多，反映出自身在执法领域的不足。因此一方面要加强重点领域执法工作，针对本省重大展会、互联网、专业市场等重点领域，严厉打击知识产权侵权违法行为。在商标、专利保护上要持续加强执法力度，针对知识产权保护领域出现的新问题，要坚持问题导向，探索建立集行政管理与综合执法功能于一身的知识产权行政管理机构，统一负责知识产权事务的行政管理、行政执法和公共服务工作①。集中优势执法资源开展专项执法行动，打出一套"组合拳"。另一方面要发挥安徽省的自然资源优势，布好省内临近市县区域"一张网"，例如河南省郑洛新示范区建立了知识产权行政执法协作机制后，三个片区的知识产权行政保护案件线索移送、调查执行协助、联合执法保护、结果互认互享等方面形成"一盘棋"，有效提升工作合力。除了积极执法外，也要注重对人民群众的法治宣传和教

① 潘亚楠.河南自贸区知识产权保护的国内外经验借鉴与启示[J].中共郑州市委党校学报.2021(02):87-91.

育工作，坚持执法公开透明，及时将执法情况向社会公布，抓取典型案件以案普法，以案释法，落实打击与教育相结合的执法理念，增强执法本领，提高执法水平，保护知识产权创新和运用安全。

2.提高执法人员专业素质

加强知识产权行政执法指导工作，统一执法标准，提高办案水平，在全省开展知识产权行政执法案例研讨会，对国家知识产权局确定并统一发布的知识产权行政执法指导案例，聚焦专利、商标、地理标志、集成电路布图设计等领域，在事实认定、证据收集、法律适用等方面深入学习，充分发挥指导案例对各执法部门处理类似案件的指导示范作用。健全知识产权执法人才培训体系，加强知识产权执法队伍建设，根据各市县的实际情况开展知识产权行政执法人员培训，优化行政执法与司法的衔接，开启安徽知识产权执法保护工作新篇章。

（六）充实知识产权人才储备

人才是引领发展的第一动力。良好的政策吸引力可以在一定程度上弥补客观吸引力的不足，客观发展状况较差的省份如果要吸引高层次人才必须制定出一系列良好的人才引进政策[①]。因此，安徽省要加大知识产权专业人才的培养和引进工作，出台相关政策扎实人才保障，打造知识产权人才高地。

1.重视高校人才培养

人才培养关口前移可有效缓解安徽省发展动力不足的问

[①] 孟华，刘娣，苏娇妮.我国省级政府高层次人才引进政策的吸引力评价[J].中国人力资源开发.2017(01):116-123.

题。一方面，安徽省要加强校企合作，鼓励安徽百强企业与中国科学技术大学、合肥工业大学等知识产权教学和科研机构建立长期稳定合作，打造知识产权人才摇篮，不断健全人才培养机制，优化知识产权人才发展环境。另一方面，安徽省内各高校的政法学院可以与时俱进地调整人才培养方式，在加强知识产权刑事执法的课程建设、扩宽知识复合型生源的选拔、强化师资建设、建立常态化的职业培训机制等方面发力，不断优化人才培养的路径。加快中国科学技术大学知识产权研究院、国家知识产权培训（安徽）基地和全国版权示范基地安徽省版权教育基地的人才培养建设。

2.加快省外人才引进

安徽省政府要牵头制度出台对知识产权高层次人才引进的优惠政策，吸引高端人才落户安徽。一方面，要充分发挥安徽省高校资源优势，建立灵活的人才激励机制，给予青年学者更充分的自主研发权和经费分配权，加大财政对科研资金的投入力度；提供更加多元的晋升渠道，鼓励人才要素在行政、司法机关和国有企业间的自由流通；改变知识产权人才队伍的考核评价体系，对于安徽知识产权强省建设中有杰出贡献的单位和个人给予奖励和表彰，增强职业认同感。另一方面，引进政策要更多体现人文关怀，从落实人才配偶工作、加快人才子女就近从优入学以及提高住房安家补助等方面发力，使青年人才落户没有后顾之忧，全身心地投入到本省知识产权事业当中。此外，还可以增加知识产权管理部门"大学生公益岗"数量，吸引待业大学生参与知识产权管理工作；通过政府购买服务方式，引入优质知识产权服务机构，协助开展知识产权管理工作等方式，推进人才引进工作。

五、结语

当今世界正经历百年未有之大变局，我国正处于实现中华民族伟大复兴的关键时期。同时，创新是引领发展的第一动力，建立健全知识产权保护制度对安徽经济社会高质量发展的支撑和保障作用也在不断提升。从2014年到2019年，安徽省的知识产权保护工作成绩斐然，在"十四五"时期，必须继续准确把握新形势新要求，全面提升知识产权综合实力，大力激发社会创新创造活力，着力建设创新型知识产权强省，为建设经济强、格局新、环境优、活力足、百姓富的现代化美好安徽提供更加有力的支撑。

（关露洋　王宇松）